JN219495

組織ガバナンスのインテリジェンス

ガバナンス立国を目指して

編著
八田進二
HATTA Shinji

同文舘出版

はしがき

わが国において、ガバナンス議論が広く浸透し始める契機となったのは、２０１５年に、東京証券取引所が「コーポレートガバナンス・コード」を公表し、上場会社に対して、その遵守状況を開示させるようになったことである。そこでは、企業自体が、持続的な成長と中長期的な企業価値の向上を目途として、株主の立場、透明性の高い情報開示、そして取締役会のあり方等について、いかに対応しているのかを表明することにある。しかし、現実には、そうしたポジティブな経営姿勢を推進することを妨げるような企業不正や不祥事が後を絶たず、ガバナンス議論自体、こうしたネガティブな課題を克服することに力点が置かれるようになったのである。そのため、前者を「攻めのガバナンス」と捉え、後者を「守りのガバナンス」と称して、ガバナンス議論を展開する場合が多く見られるのである。

しかし、わが国のコーポレートガバナンス議論の基にもなった、20世紀末の英国における3つの報告書*、すなわち、『キャドベリー委員会報告書』『グリーンベリー委員会報告書』そして『ハンペル委員会報告書』では、基本的に、企業の繁栄とアカウンタビリティの双方に貢献するところに、ガバナンスの重要性があると指摘しているのである。つまり企業の繁栄ないしは持続可能な成長をとげるためには、まずもって、インテグリティを備えた経営トップが健全な企業経営を推進していることを示す必要がある。本書では、こうした問題意識を共有し、かつ、実践してきている方たちを迎えて、ガバナンスの現状、課題そして今後の展望等について、縦横無尽に意見を交わしている。

私自身、監査論の研究から発展して、コンプライアンス、内部統制、ガバナンスの議論へと守備範囲を広げてきているが、本書での対談者はすべて、私自身が学ぶべきことの多い方たちばかりである。それは、現時点で、ガバナンスに関して最も示唆に富み、かつ、最も多くの知見を提供してくれる論客であることを意味している。というのも、13名からなる対談相手は、各種の会議で同席し、ガバナンスに関して熱い議論を交わしてきた方、あるいは、ガバナンスに係る書籍を通じて多くの教えを授けてもらった方であり、この対談を通じてそうした思いを再現してもらうことを企図していたのである。そのため、私自身、対談の途中で、対談者の方たちの慧眼に触れ、幾度となく興奮と感動を覚えたことから、読者の皆さんにも、同じ貴重な体験をしてもらえれば幸いである。

企業経営が永続することを前提としている限り、ガバナンスの議論も終わりはない。そのためにも、多様な意見や物の見方のあることを修得することこそ、関係する会社や組織を健全かつ強靭なものとして発展させることに資するものと確信している。こうした一流の論客が唱えるガバナンス論の一端に触れることで、より健全な社会の構築に貢献していただくことを願っている。

なお、本書での対談は、ディークエストグループ**が展開するウェブメディア『Governance Q（ガバナンスキュー）』（https://cgq.jp/）で企画、発信されたものが基礎になっている。そうした情報発信を続ける中においても、いまだガバナンス不全が指摘される事案が続出している。そこで、経営のトップないしは組織の責任者には、ぜひとも、本書での多様な議論に触れることで、自身のガバナンス意識を最新かつ強固なものにしていただけたら、望外の幸せである。

なお、必ずしも市場性が高いとは言えない書籍について、その意義を理解いただき、本書の出版を引き受けていただいた同文舘出版の中島豊彦社長、そして、要求事項の多い願いも聞き入れて製作に取り組んでくれた同社取締役の青柳裕之氏に対して、心より感謝を申し上げる次第である。

2024年8月3日
八田進二

＊　八田進二・橋本　尚共訳『英国のコーポレートガバナンス』白桃書房、２０００年。本書に収録の3つの報告書は、以下のとおりである。⑴キャドベリー委員会報告書『コーポレート・ガバナンスの財務的側面』１９９２年12月1日。⑵グリーンベリー委員会報告書『取締役の報酬』１９９５年7月17日。⑶ハンペル委員会報告書『コーポレート・ガバナンス　最終報告書』１９９８年1月26日。なお、このハンペル委員会報告書で提示された、健全なガバナンスに関する統合コードが、その後、英国のロンドン証券取引所のコードとして採用されることとなった。

＊＊　ディー・クエスト社（ＤＱ）などを傘下に持つディークエストグループ（ＤＱＧ）は21世紀社会における『人と組織のためのリスクマネジメント』を事業の中核に据え、コンプライアンス経営を支える「健全性」「持続可能性」のマネジメントを推進している。とりわけ、国際社会において重要なヒューマンリスクマネジメントに特化したコンサルティングファームとして、企業価値に貢献する質の高い情報、システム、教育、ノウハウを提供し支援することを使命としている。また、米国公認不正検査士協会（ＡＣＦＥ）と日本における独占ライセンス契約を結び、一般社団法人日本公認不正検査士協会（ＡＣＦＥ　ＪＡＰＡＮ）を通じて、不正対策教育を展開している。

目次──組織ガバナンスのインテリジェンス

組織ガバナンスのインテリジェンス

―ガバナンス立国を目指して―

「エンタープライズバリュー」を日本の経営者は理解しているのか

斉藤　惇

野村証券副社長、産業再生機構社長、日本取引所グループ（JPX）CEO（最高経営責任者）、そして日本野球機構（NPB）会長を務めた斉藤惇氏。

バブル崩壊と金融不祥事、不良債権処理、証券市場改革…平成から令和に至る日本経済激動の時代を駆け抜けた斉藤氏が、コーポレートガバナンスの過去・現在・未来を語り尽くす。

果たして「ガバナンス敗戦」の先に日本企業、そして日本経済の活はあるのか―。

profile

斉藤　惇◆さいとう・あつし

元日本取引所グループCEO、元産業再生機構社長
KKRジャパン会長。前日本野球機構会長。

1939年生まれ。慶應義塾大学商学部卒業後、1963年野村証券入社。支店勤務を経て米国駐在、1995年同社代表取締役副社長。住友ライフ・インベストメント社長・会長を経て2003～2007年産業再生機構社長。同社社長時代はわが国の不良債権問題解決や企業の事業再生に尽力。

2007年より東京証券取引所社長等を務め東証と大阪証券取引所統合を指揮。2013年日本取引所グループの発足に合わせてグループCEO（最高経営責任者）就任。

2015年よりKKRジャパン会長。2017～2022年日本野球機構会長・日本プロフェッショナル野球組織コミッショナーとしてコロナ対策を指揮するとともに東京五輪での野球競技成功を主導した。

2023年よりKKRジャパン会長に再任。2016年旭日大綬章受章。

「ガバナンス」の重要性を確信した米国駐在の10年

アメリカの株価停滞が生んだ「企業価値向上」の発想

八田　「ガバナンス」という言葉は、今やありとあらゆる組織や機関で多用されるようになりましたが、先駆的だったのは株式会社におけるコーポレートガバナンスの議論でした。２０１５年３月に金融庁と東京証券取引所が共同でコーポレートガバナンス・コードの原案を発表しましたが、そのときにリーダーシップをとったのが、ほかならぬ、当時の東証社長であり日本取引所グループのＣＥＯでもあった斉藤さんでした。そこで、この対談シリーズを始めるに際して、どうしても第１回目は斉藤さんにご登場いただきたかったのです。

斉藤　それは買い被りだと思いますが、光栄ですね（笑）。

八田　よくガバナンスというと、不正とか不祥事を防止するための仕組みなど、後ろ向きのイメージを持たれがちですが、そもそもの意図は違うんですよね。企業の価値、競争力を高めるための仕組みですから、不正や不祥事の防止はそのうちの一部でしかない。実際、斉藤さんにとってのガバナンスとは何でしょう?

斉藤　実は、私は幸運なことに、ガバナンスという概念がアメリカで現実に適用され始めた瞬間に立ち会っているんですよ。私は野村証券時代、1972年に大阪の堺支店からニューヨーク支店に転勤になりましてね。1979年にいったん帰国し、もう一度1982年から1985年までニューヨークで勤務したので、トータル10年ほどアメリカにいたんですが、私が最初に赴任した当時はちょうどベトナム戦争が終わりかけの頃で、アメリカはけっこう荒んでいたんです。

着任翌年には第1次オイルショック。ダウ平均株価も500ドルから1000ドルくらいの水準を行ったり来たり。一般庶民の感覚としては、新天地を求めてアメリカ大陸にやってきた曾祖父母の頃は貧しかったけれど、親の代はそれなりに豊かな暮らしをしているし、自分たちの生活もまずまず。でも、孫や曾孫の時代になったらどうなんだろうと。ちょうど日本経済が急成長しており、日本企業がアメリカにも進出してきていたので、自分たちの子孫は日本人に使われてるんじゃないか…。そんな不安を漠然と抱えていましたね。そして、みんなの関心事が「年金」でした。

八田　そういえば、当時のアメリカでは年金の運用失敗がかなり表面化していましたね。年金はちゃんともらえるのだろうか、という不安ですか。

斉藤 そうです。米国株は1960年代に急上昇し、オイルショックを境に1970年代は暴落、運用に失敗した運用会社の責任者がブラジルに逃げちゃったり、そもそも詐欺だったなんて話もあったりで。それで連邦議員の中から「年金の運用をもっとしっかりとやらなきゃいけない」という声が上がってくるんです。米労働省も動いて、非常に厳格な年金の運用ルールを作り上げてしまうんですよ。

八田 エリサ法（従業員退職所得保障法、1974年制定）ですね。

斉藤 そうです。企業年金の運用者に対し、委託者のために最善を尽くすことを義務付け、怠ったら罰則を科すという法律です。フィデューシャリー・デューティー、つまり、信任を受けた者が履行すべき義務（受託者責任）という考え方が柱になっていました。

八田 そういうところがアメリカのすごいところですね。

斉藤 私もそう思いますよ。私は運用会社に日本株のセールスに行くのが仕事だったんですが、いつも通っていたモルガン・スタンレー系の運用会社の事務所に行ったら、突然、もぬけの殻になってたんですよ。その運用会社のオフィスは証券会社の事務所の一角を間借りしていたので、モルスタの人にどうしたのか聞いたら、「連中は引っ越した」と。証券会社と運用会社は系列でも同居したらダメという法律ができたからだ、って言うんです。

つまり、運用会社は系列の証券会社に株式の売買を発注するわけですが、壁を隔てて隣接していたら、証券会社に有利な運用をする、不正の温床になる、というわけです。だからエリサ法ができた当初は、運用会社が系列の証券会社に発注できる株式の量も、確か、全体の3分の1程度に制限されていたはずです。

八田 当局から独立性を担保させられたわけですね。当時はカルパース（カリフォルニア州職員退職年金基金）とか、カレッジ・リタイアメント（大学教員の年金基金）でも運用難に陥っていたのではありませんか。

斉藤 米国株が低調でしたからね。そうなると、売買手数料にも厳しい目が向けられるようになるわけで、そこで出てきた発想が「企業価値の向上」です。それまでは値上がりしそうな株に次々と乗り換えていくのが株式運用の王道でした。しかし、それじゃあ、売買手数料が嵩んでしまう。株式市場が好調だったら売買手数料くらいは値上がりの中で吸収できたけれど、株価が上がらなくなったらそうもいかない。さらに取引によるマーケットインパクト問題（自らの売買行動によって生じる取引価格の変動問題）も重大視されだした。そこで、株主は同じ会社の株式を持ったままでも株価が上がるように、経営者に「企業価値を向上させろ」というプレッシャーをかけるようになっていくわけです。

黙って株を買っているだけだった年金基金が、投資先の企業に対し、経営や戦略についていろいろ注文を付けるようになったのは、運用成績を上げられなくなった年金のファンドマネージャーが企業価値を上げるのに必死になり出したからなんですね。そうなると、経営者をウォッチ、監視するという発想になる。それが「コーポレートガバナンス」という概念の原点だというのが私の理解です。

日本の異様な株主総会とアメリカの〝CEOのクビが飛ぶ〟株主総会

八田　日本経済新聞の連載「私の履歴書」（2017年10月掲載）に書いておられますが、野村をお辞めになる少し前、経団連のガバナンス視察団の団長として渡米されているんですね。1994年でしたか。

斉藤　そう、1994年です。経団連の中に「コーポレート・ガバナンス委員会」というのが発足しまして、当時、日本興業銀行（現みずほ銀行）の頭取だった黒澤洋さんが委員長で、私が副委員長。「コーポレートガバナンスとは何ぞや？」ということで、アメリカに見に行って来いと。私たち以外はソニーや日立製作所、新日鉄（現日本製鉄）、三菱商事などの法務部の人たちがメンバーで、商事法務がとりまとめ役を買って出てくれまして、主にアメリカの株主総会を見てまわりました。

八田　ずいぶん日本の株主総会とは勝手が違ったんじゃありませんか。

斉藤　ご存知の通り、何しろ当時の日本企業の株主総会は最前列に総会屋が陣取って、野党総会屋が社長に罵声を浴びせたかと思えば、与党総会屋が「異議なし！」と応酬する。そんな異様な雰囲気でしたからね。翻って、アメリカの総会は〝お祭り〟みたいな祝祭的なムードでしたが、その実、株主の関心は経営者が企業価値を上げているかどうかの一点。企業価値が上がっていなければ、ＣＥＯはクビです。

八田　そういえば、名経営者として知られたＧＭ（ゼネラルモーターズ）会長のロジャー・スミスも総会で株主から緊急動議を出されてクビになりましたね。

斉藤　ビッグ３（アメリカの３大自動車メーカーで、「ＧＭ」「クライスラー」「フォード」のこと）は日本車に陵駕されて業績が悪化していましたから。企業価値の向上といえば、年金基金はかつては上場企業株しか買ってはいけなかったんですが、規制緩和で未上場株も買えるようになると、西海岸のシリコンバレーの未上場銘柄に年金が資金を入れるようになる。それでＩＴ産業が育ち、年金の運用パフォーマンスも上がっていった。本当にアメリカはすごい国だなとつくづく思いましたね。

八田　斉藤さんは企業人として一番多感な30代にアメリカでそういう貴重な体験をしておられるから、本物のガバナンスが自然と身についている。だからこそ、コーポレートガバナンスをご自身のライフワークだと言えるんですね。私はオリックスの宮内さん（宮内義彦シニアチェアマン、元会長）も、本物のガバナンス論者だと思っています。宮内さんも若い頃にアメリカに留学して本場を見てきているからなのでしょうね。

斉藤　経営に外部の視点を取り入れるということは、企業を鍛え、経済全体のためになる。そう確信するようになったのは、アメリカでの経験ゆえであることは間違いありません。

産業再生機構社長時代に思い知った「日本企業のガバナンス不在」

“総会屋事件”で野村証券副社長辞任「ガバナンス実践」の挑戦と蹉跌

八田　これも日経の「私の履歴書」に書いておられますが、野村証券の副社長を退かれたあと、住友生命保険系列の投資顧問会社のトップに就任されています。このときはトップとしてコーポレートガバナンス改革を断行されていますね。

斉藤　１９９７年の総会屋利益供与事件の責任を取る形で、私を含む5人の副社長をはじめ、合計15人の取締役が一斉退任したんです。野村を辞めて転職先を自力で探す中、住友生命でのちに常務、専務を務められた井上恵介さんから「住友ライフ・インベストメント（現三井住友アセットマネジメント）に来ないか？」と声をかけられました。バブル崩壊で生保の運用力が落ちていたので、高い運用力を取り戻し、それを売り物にする組織を作り上げて欲しいという要望でした。そこで、組織作りや運営などを任せてもらえることを確認したうえでお引き受けしたのです。

八田　着任されたときの第一印象は？

斉藤　親会社への従属が際立っていましたね。当時の日本の大手運用会社はどこも、親会社である銀行や証券、保険会社の影響を強く受けていましたから、独立したプロ集団には見えませんでした。そこで、取締役を全員入れ替え、独立した社外取締役を迎え、諮問委員会も作って経営に〝外の目〟を入れました。親会社から出向してきているファンドマネージャーには転籍をお願いし、運用の統轄責任者には外資系運用会社からスカウトしたピーター・イードンクラークというイギリス人を据え、社内用語は英語にしました。井上さんも私の考えに賛同してくれていました。

八田　順調な滑り出しだったんですね。生保は保守的なイメージがありますから意外です。

斉藤　でも、1年もすると雲行きが怪しくなりました。人事ローテーションで良き理解者だった人が1人、また1人と親会社に帰っていくたびに空気が変わっていく。運用会社に転籍した社員を本体に返せと言って来たりね。投資先企業への議決権行使も親会社の営業にとってはプラスにならない。これで運用成績が良ければ強気でいられたのでしょうけれど、2000年代初頭にネットバブル（ITバブル）が弾けてそれもダメ。最後は保険営業のためのイベントに出ろと言われたので、親会社の社長に辞意を伝えて退職しました。

企業価値を「キャッシュフロー」で見られない日本企業

八田 その次が、わが国の金融再生プログラムの一環で設立された産業再生機構ですね。

斉藤 ２００２年に住友ライフ・インベストメントを辞めて、家で庭いじりをしながらプラプラとしていたら、旧大蔵省（現財務省）から金融庁に転じ、当時、産業再生機構設立準備室次長を務めていた小手川大助さん（元ＩＭＦ＝国際通貨基金理事）が「機構の社長をやらないか？」と言って来たんです。誰も引き受け手がいなかったようですね。

八田 それでも社長を引き受けられたわけですが、カネボウ、ダイエーといった大型案件も手掛けられた。大変なご苦労をされたでしょう？

斉藤 産業再生機構で一緒に仕事をした仲間たちは非常に優秀で、そして、「国を立て直さなければ」という使命感に燃えていた。ただ、彼ら彼女らとは価値観を共有できましたが、再生対象になった企業や銀行とはなかなか嚙み合わなくて苦労しました。まず「エンタープライズバリュー」（企業価値、ＥＶ）という言葉が通じない。ＥＶについては、ダイエー創業者の中内功さんも、とうとう最後まで理解してくださらなかったですね（笑）。

私は野村アメリカ時代に不動産の証券化も手掛けましたので、バリュエーションをキャッシュフローで見るのは常識だと思っていました。でも、これが再生対象企業には通じない。不動産に投下した金額でモノを言うのです。銀行も土地を担保にカネを貸す。近隣の土地の売買事例がいくらだからこの金額だとか、路線価の2・5倍だからその金額だとか…。その不動産が稼ぎ出すキャッシュフローで価値が決まるという発想がまったくない。産業再生機構の仕事は不良債権の処理だから、銀行がどういうバリュエーションでカネを貸したのか検証してみると、みな、類似比較なんです。100億円かけて作った建物でも、収益を生まなかったらタダのコンクリートの塊なんですけどね。

八田　斉藤さんがキャッシュフローで企業価値を考えるようになったのは何がきっかけですか。やはりアメリカ駐在時代ですか。

斉藤　おっしゃる通りです。私は日本の支店で日本株のセールスをやっていたところから、いきなりニューヨークに行きました。そこでの使命はソニーや松下電器産業（現パナソニック）など、日本企業の株を現地の投資家に買ってもらうこと。で、無邪気に「良い会社ですから（株を）買ってください！」と売り込んでいたら、ファンドマネージャーから唐突に「そのソニーという会社の発行済み株式総数はなんぼなんだ?」って聞かれるわけです。そんなこと、日本では聞かれたことがないですから、株を買うのと株式総数と何の関係があるのかと聞き返したら、コンコンと「会社のバリュエーション計算ってのはこうやってやるんだ」と教えられましてね。

それまでＥＰＳ（１株あたり当期純利益）やＢＰＳ（１株あたり純資産）なんて考えもしませんでした。当時の野村証券には株式部の推奨銘柄というのがあり、全国の営業マンは「今週はこれを売って来い！」って言われるんです。実際、野村の営業力でその企業の株価は上がってしまうわけですが、アメリカに行ったらまったく通用しない。投資家に数字で質問されても、それ以上反撃できませんでした（笑）。

八田　学問や教育の現場でも同じですよ。キャッシュフロー計算書（Ｃ／Ｆ）が会計の世界で公認されたのは、そんなに昔のことじゃないんです。１９９０年代前半は、学界でもキャッシュフロー計算書を有価証券報告書の記載項目に入れようとしたら大論争になったんです。まず「キャッシュフローを日本語に訳せ」とか言われましたよ。「資金繰り表」でもないし何なんだろう…みたいな不毛な議論が繰り返されていました。連結キャッシュフロー計算書が有価証券報告書に入ったのは20世紀末になってからです。

斉藤　日本企業にはＷＡＣＣ（加重平均資本コスト）の発想がないから、稼がなければいけないベースコストの議論ができないんですよね。ＷＡＣＣに対するＲＯＥ（自己資本利益率）、ＲＯＡ（総資産利益率）はいくらなのかがスタートで、「D/EBITDAレシオが7とか10とかっていう計画でどうでしょう?」というい話を銀行にしても、当時は通じない。経営者にも資本コストという発想がなく、銀行金利だけ返せばと思ってしまっている。

八田　多くの日本人経営者に会計リテラシーがないのは本当に問題ですね。道具立てのないところで経営をやっているわけですから。教育の問題もありますよね。日本は会計を勉強せずに経済学を学ばせる。産業再生機構でも活躍された冨山和彦さん（経営共創基盤　ＩＧＰＩグループ会長）もスタンフォード大学に留学して初めて簿記を勉強したそうですね。

東証で「コーポレートガバナンス・コード」創設を実現

八田　産業再生機構はもともと5年間の時限的な組織でしたよね。しかし、予定より1年早く2007年3月に解散するほどの効果を上げた。そして、斉藤さんの次の職場は東京証券取引所になるわけですが、これはどういった経緯だったのでしょうか。

斉藤　野村ホールディングス（ＨＤ）の会長になっていた氏家純一さんから頼まれたんです。西室泰三さん（元東芝社長、2005～2010年まで東証会長）の後任がなかなか見つからないという話でした。「日本株はもうダメだから、東証なんて行かないほうがいい」と助言してくれる友人もいましたし、そもそもお役所的で自分には合わないとも思っていたんですが、氏家さん、西室さんに懇願されたうえ、好きにやっていいと。「それならば…」と引き受けました。

八田　そこでコーポレートガバナンス・コード導入を主導されるわけですが、かなり紆余曲折があったのでは？

斉藤　米国株は株主に厳しく揉まれて株価が上昇しました。だから、日本でも株主に揉まれて日本企業が強くなれば、株価も上がる。そう考えて、コーポレートガバナンスの導入に向けた法改正を目指し、法制審議会も立ち上がったのですが、なかなか進まない。最大の抵抗勢力は実は法務省でした。既存の法律を変えることに、とにかく抵抗する。コーポレートガバナンス導入には経団連も猛反対していましたから、今回こそ法改正に持っていけると思っていたときでも、最後は付帯決議に格下げされてしまう有り様でした。

八田　結局、何がきっかけで導入が決まったのでしょうか。

斉藤　第2次安倍晋三政権下で厚生労働大臣だった塩崎恭久さん（元自民党衆院議員）が、マニフェストに盛り込むファクト探しをする中で、コーポレートガバナンスに目をつけたんです。まぁ、経団連にしてみれば、「余計なことをしおって」といったところでしょうか。塩崎さんは欧州視察から帰ってくると、「ソフトロー（非法的規範）でも良いのではないか」と言い出すんですね。法務省が反対しているので法律にするのは難しい、それならソフトローでどうかというわけです。イギリスはソフトローのメッカですからね。法律ではないので強制力はないし、罰則規定は設けられませんが、企業側の自主性を尊重するという点で、日本人のメンタリティに合っていますし。

八田　法律なら金融庁マターですが、コードなら所管は証券取引所、つまり東証になります。「コード」はソフトローの別称ですし、企業側も法律じゃなければ、あまり圧迫感を感じなくて済みますね。

斉藤　安倍さんは詳細はわかってなかったようですが、政権の「日本再興戦略」の中にいったん入ったら流れが変わったんです。２０２１年に亡くなられた池尾和人先生（経済学者、元慶応義塾大学教授）とも何度か議論しましたよ。

八田　早稲田大学の上村達男教授（法学者）によれば、イギリスのコードはハードローよりも厳しいんだそうですね。日本語では「遵守せよ、さもなければ説明せよ（Comply or Explain）」、つまり、ルールを遵守しないのであれば、その理由を説明すればいいだけですが、イギリスの場合は、そんなに生易しいものではないそうです。コーポレートガバナンス・コードは3年ごとに2回改訂されており、上場企業にかなり浸透しましたから、ハードロー（強制法規）に変えなくても、ある程度の実効性は保たれているのではないでしょうか。

「グリード」（強欲）同士のぶつかり合いで企業は強くなる

斉藤　私は法による縛りよりは、人間の〝欲〟に訴えたほうが有効なんじゃないかと思っているんですよ。株主は株価が上がって欲しい、配当もたくさん欲しい。だから、社長はしっかりしてくれ、と。この製品は時代遅れだ、その経営には無駄がある…、〝倫理の力〟よりも〝欲の力〟ははるかに強いと思うのです。もっとも、こういうことを言うと、上村先生には品がないって言われてしまうのですが（笑）。

とはいえ、私企業の株式に価値がないと国家は富まない。富まないと税収が減り、雇用も生み出せずに国際競争に負ける。企業が強くなるということは、いわば「国防」と言っていいと私は思っているんです。だから、企業を強くしないといけない。そのためには誰かが見ていないとダメ。その「誰か」が捜査当局だけでは、実は迫力がない。法を犯しているかどうかではなくて、お金になるかならないか――。そんなグリード（強欲）な目で見られるほうが、はるかに経営者にとってプレッシャーになると思うし、米国のコーポレートガバナンスのあり方はまさに、これなのです。

八田　アメリカ社会は相当グリードですもんね。

斉藤　グリードとグリードのぶつかり合いで企業は強くなる。誤解を恐れずに言うならば、正当な手段による利益マキシマイゼーション（最大化）は正義です。新自由主義の経済学者、ミルトン・フリードマンにも「金儲けができる機会があるのにそれを見逃すのは愚か者である」という言葉があるくらいです。あくまで合理性を前提として強欲がぶつかり合う中で企業は強くなり、技術が生まれ、人々にベネフィットを与える。とてもダイナミックな姿だと思うのですが、日本の場合は合理的、論理的なデータをもとに議論しないんですよね。

八田　確かに、日本人は非常にエモーショナル（情緒的）ですからね。

斉藤　歴史が長い島国である日本人のキャラクターなんだろうと思いますが、国力の観点からすると、非常に危ない気がします。

日本の社外取締役が「株主代表訴訟」の洗礼を受ける時

ガラパゴスでエモい日本の「監査等委員会設置会社」

八田　エモーショナルな国であるゆえなのか、日本の株式会社には世界に類を見ない3つの形態の機関設計があります。1つ目は監査役（会）設置会社。2つ目は指名委員会等設置会社。そして3つ目が監査等委員会設置会社です。日本の監査役（会）設置会社は100年以上の歴史を持ちますが、これがまず海外では理解されない。日本は本来、執行の監視役であるはずの取締役が執行も兼務してしまうので、監視役を別途設ける必要があり、そこで誕生したのが監査役です。

ところが、この監査役がどうにも機能しない。事実上、人事権を社長が握ってしまっているので、監査役は取締役になれなかった者の〝上がりのポスト〟になってしまっている。当然、社長に忠実で、監視どころじゃない。そこで何とかアメリカ型の実効性が高いガバナンスを導入したいという法務省の考えをもとに、指名委員会等設置会社が2003年に誕生したわけです。コーポレートガバナンス・コードも指名委員会等設置会社を念頭に置いていますよね。しかし、これがまた〝欠陥商品〟だったわけですよ。

斉藤　指名委員会、監査委員会、報酬委員会の３つの委員会すべてを必置にしましたからね。アメリカでは監査委員会以外の設置は任意だったのに。

八田　そこなんです。後継者の指名に関与する指名委員を社外取締役に任せるのですから、これは私が社長でも納得がいきません。だからなんでしょう、創設されてから20年になろうというのに、いまだに上場企業約３８００社のうち、導入企業が１００社に満たない。それで困って今度は、監査等委員会設置会社が出現した。これがまたおかしな仕組みで、監査等委員の取締役は任期が2年なのに、それ以外の取締役は1年とか、〝等〟は何かというと「監督もしろ」という意味なんですね。

斉藤　「監査」は業務の適法性をチェックするだけですが、「監督」は業務の妥当性も検証する。監督は取締役の職務であって、監査等委員だけの職務ではないはずですからね。

八田　ワケがわかりませんから、大学の講義でもすごく教えづらい。こんな仕組みで本当にガバナンスは機能するのでしょうか。

斉藤　かつて経団連は社外取締役の義務化に強烈に反対していて、その理由が「(社外取の)なり手がいない、確保できない」だったわけでしょう？　だから、落としどころを行政が見つけたということでしょう。監査役会設置会社から監査等委員会設置会社に移行する分には、社外監査役をそのまま監査等委員にしてしまえば済むことで、実質的に社外取締役の増員にはならないですからね。何か摩擦や衝突があると、足して2で割ったようなところに落とし、結果、あいまいなルールになってしまうということを、日本はありとあらゆる場面で繰り返しています。だから、効率性も落ちる。

ルールを変更すると、そのルールに適応できない人が当然出てくるわけですが、適応できない人を適応できるように修正するということをせず、放置してしまう。戦前の日本はそうじゃなかったと思うんですよね。石橋湛山（元首相、ジャーナリスト）の論文なんかを読んでみると、非常に明快に色々なことを言っています。よく戦時中に、軍の圧力のもとであれだけの発言ができたなと感心します。

八田　今の日本は自由な発言を許さない社会になっている感がありますね。

斉藤　何となくホワっとしてるほうが日本人のメンタリティだと生きやすいのでしょう。でも、このツケを日本人は必ず20年後、30年後に嫌と言うほど払わされると心配でなりません。

「後継者育成計画」と「プロ経営者」不在の日本企業

斉藤　東証、日本証券取引所にいたときによく感じたのは、オーナー企業のほうが、業績が良いということでした。もちろん、ダメな会社もたくさんありますがね。中でも一番顕著なのがM&A（合併・買収）の成功確率です。日本企業のM&Aの成功率は3割程度なんですが、オーナー会社の場合は結構高い確率で成功している印象です。あくまでもイメージであって、手元に正確な統計を持っているわけではないのですが、長年の経験から確信しますね。それは、オーナー社長は財産のほぼすべてが自社株という人が多いので、リスクを真剣に見ているということにあると思うのです。

八田　そこがサラリーマン社長との大きな違いでしょうね。

斉藤　ただ、オーナー企業の多くが近頃サクセッションプランでうまくいっていませんね。ワンマン的企業では「サクセッションプラン」（後継者育成計画）がダメなんじゃないですかね。サラリーマン集団の企業の場合でも、一定以上のポストになってくると、昇格の基準がデータに基づいた合理的基準というより派閥や人脈の力学が強く働くようになる。〝自分の寝首をかかない人〟という目線で自分の後任を決めていくから、代が変わるごとにどんどん人間のスケールが小さくなっていってしまう。合理的な基準に基づいて、少なくとも20年先くらいを見据えたサクセションプランを組まないと、組織は衰退する一方でしょう。

八田 サクセッションプランで斉藤さんが評価している日本企業はありますか。

斉藤 今、日立製作所がチャレンジしているプランはちょっと面白いなと思っていますね。若くて優秀な社員たちによる特命チームを組織しているのです。これは故・中西宏明元会長（元経団連会長）たちが考えた方法なんですが、他社も真似してほしい施策だなと思いますね。

八田 ただ、日本には「経営のプロ」と言える社長が少ないのでしょうね。

斉藤 「プロ経営者」という言葉自体を嫌う企業人は多いですしね。トップがプロじゃなくても、せめて社外取締役がプロならもう少し事態は変わるのだと思いますが、その社外取もプロじゃない。だから、ワークしない。

八田 そもそも、社外取締役は本来、何社も掛け持ちできるような楽な仕事じゃないはずです。しかし、何社も掛け持ちして、まるで現役引退後の小遣い稼ぎのために社外取を引き受けている、そんな人もいらっしゃいますね。

斉藤 役員保険（会社役員賠償責任保険＝D&O保険）だって、本来は株主の追及が厳しいから入るわけでしょう。社外取締役は株主代表訴訟の対象になり得るんですが、それを全然理解していなくて、名誉職みたいなつもりでお気楽に捉えている人、あるいは、引き受ける人が結構います。

誤解を恐れずに言いますが、社外取が株主代表訴訟で訴えられることだってあると思いますよ。そういう例が出て来たら、社外取の人たちももう少し緊張感を持つでしょう。「役員定年になっちゃったから、どこか職はないですかね?」みたいなノリで、社外取を引き受けるのは本当に止めなければなりません。社外取がしっかりウォッチしていることで、企業がキリッとしていく。そういう姿であって欲しいのですが。

八田　企業が不祥事を起こすと、社長以下、業務執行のトップは記者会見でお作法通りに頭を下げますが、社外取締役が頭を下げる風景なんて見たことないですよね。そもそも、不祥事会見になんて出て来ないうえ、自分のレピュテーションを下げかねないと考えてか、すぐ辞表を出して逃げてしまったり…。それどころか「こんな会社だと思わなかった」「経営陣に裏切られた」とか言い出す有り様です。

斉藤　社外取締役はとても重要な仕事で、その会社の重大なリスクを発見することは自分の身を守ることとイコールのはず。何が何でもアメリカの制度がいいとは言わないけれど、リスクに気づくことが自分のレピュテーションを守ることになるという自覚が、アメリカの経営者にはありますよ。

ESGは見せかけに非ず。利益創造のプロセスこそ社会貢献。

八田　トップが「我が社に限って不祥事なんか起きるはずがない」なんて言う会社に限って、とんでもない事件が起きるものです。企業は生き物ですから、病気もすればケガもする。だから、不正や不祥事が起きることを前提に、内部統制を使ってあらかじめ処方箋を作っておくべきなんです。

斉藤　そういった日本企業の〝緩み〟の背景にあるのが「終身雇用」という制度でしょう。互いに信用し合い、寄りかかり合う。そのため、優秀でも外国人や女性、あるいはトランスジェンダーの人たちを入れたがらないし、ジョブディスクリプション（職務記述書）に基づいたジョブ型雇用にも後ろ向きです。アメリカは飛び抜けて頭が良くても〝悪さ〟をする人がいることを前提として、そういう人材に能力を発揮させ、かつ裏切らせないような制度を作っている。簡単に言えば、性悪説、あるいは「悪」とまで言わなくとも、人は時として不正を犯すという性〝弱〟説が根本にある。

しかし、メンバーシップ型雇用の日本企業にはそうした考えがありません。それでも、激しい国際競争に晒されている昨今、日本企業も外国人を雇わざるを得ない。結果、ジョブ型雇用が整備されていないために、ダイバーシティ&インクルージョン（D&I、多様な人材を受け入れてその能力を発揮させる考え方）の推進に反するような事件・事故が起きたりする。

八田 トップは監査法人に対して「徹底的にウチのことを調べてくれ」と言わないといけないのに、多くの日本企業経営者の場合、徹底的に監査すると「そんなにウチが信用できないのか」と怒り出すんですよね。そもそも、監査報酬自体、コストだと思われてますし…。

斉藤 厳しく監査してもらうことが、結局、経営者本人を救うことになると思えないところに問題がありますね。

八田 日本人は会議の場を前向きの議論の場と思ってないでしょう。だから、会議で異論を挟まれると、人格を傷つけられたような気になる。それどころか、決議機関の会議なのに決議をとらず、〝全会一致〟ってことにしちゃう。構成メンバーの数が偶数で、時として多数決が機能しないような会議体も結構あるくらいです。

斉藤 日本社会はよくそれで今までやって来られたな、と痛感する今日この頃です。どんなデータを見ても、現在の日本は国際競争力でどんどん諸外国に追い抜かれているのに、それでも目が覚めない。「エンタープライズバリュー」（ＥＶ）の概念なんて、中国人経営者のほうがはるかに理解していますよ。社外取締役を形だけ入れて、やるべきことをやっているような気になっている場合じゃない。データは戦略を練るための〝種〟であり、コーポレートガバナンスの基礎になるものです。

八田　「ＥＳＧ投資は企業利益とは関係ないもの」と考えるのも間違いですね。

斉藤　企業が利益を出すプロセス自体が社会貢献なんだという発想をしないとダメですね。空気をきれいにしながら、自社の利益を最大化する。社会貢献と利益を出すことを分離して考えていてはいけません。利益を最大化するプロセスの中で、企業が社会のコストを過剰に使ってしまうとか、誰かを犠牲にするということは許されない時代なのです。そして、その企業活動をステークホルダーが見張っていこうというのが、コーポレートガバナンスです。

八田　ガバナンスの議論は不断に続けられなければなりません。そのような意味でも、また斉藤さんのお話をじっくり拝聴する機会をいただきたいですね。本日はありがとうございました。

斉藤惇氏との対談を終えて

斉藤惇氏をお迎えして、ご自身の体験に基づく先駆的なガバナンス論について、久しぶりに多くの示唆に富むお話を伺うことができた。

斉藤氏との出会いは、産業再生機構社長の重責を離れられた直後であり、その後、東京証券取引所社長にご就任後は、わが国の会計・監査制度に関する多くの議論をさせていただきながら、公私ともに大変親しくさせていただいている。いつお会いしても、的を射た厳しいご指摘をされる一方、常に温厚な笑顔を絶やさず、取り巻きの多くの関係者の心を惹きつけてしまう度量の広さに心底、感服するのである。

斉藤氏は、『日本経済新聞』の「私の履歴書」（2017年10月）でも吐露されるように、ご自身が描いたわけでもない人生を変遷されているが、それも「天命である」として受け入れ、常に、時代の節目での重責を担い、かつ、最大の成果を残してこられたのである。そして、その際のキーワードこそ、「コーポーレートガバナンス改革」であったと捉えることができるのである。それは、野村証券時代に、2度にわたる米国での市場関係者との関わりの中で、「投資家保護」を重視する米国市場では、外部の視線を取り入れることで企業は鍛えられ、経済全体のためになるということを実体験で修得されたのである。それこそまさに、今日、わが国で議論の喧しいコーポーレートガバナンス論の原点に至る課題ともいえるのである。

斉藤氏が「コーポーレートガバナンスはライフワークと言えるテーマだ」と述べていることからも首肯しうるように、ガバナンス議論には終わりがない。それどころか、社会の変革や時代の変遷、そして国際化の動向等、様々外部の環境要因も加味しながら、時代を先取りするような洗練されたガバナンス論が展開されていくことが不可欠であることを実感したのである。

今回の斉藤氏との対談では、そこでのヒントを提供してくれているのではないだろうか。

（2023年3月記）

塩崎恭久

〝政治主導〟で実現したコーポレートガバナンス・コード

政界きっての政策通で知られ、2021年10月に28年間に及ぶ国会議員生活に終止符を打った前衆議院議員の塩崎恭久氏。

その議員時代はまさに日本経済の「失われた30年」と重なる。そんな激動の時代の中で塩崎氏は何と苦闘し、何を実現し、何を目指したのか—。

わが国のコーポレートガバナンス構築に主に国政の場から携わってきた塩崎氏が、日本企業、日本経済のあるべき姿を語る。

profile

塩崎　恭久◆しおざき・やすひさ

前衆議院議員、元内閣官房長官・厚生労働大臣
一般財団法人勁草日本イニシアティブ 代表

1950年生まれ。愛媛県出身。1975年東京大学教養学部卒業後、日本銀行入行。

1993年7月に衆議院議員初当選。1995年に参議院議員に転じて1997年9月大蔵政務次官。2000年6月に再び衆院に転じ、2021年10月まで衆院議員を務める。その間、衆院法務委員長、外務副大臣などを経て2006年9月に内閣官房長官・拉致問題担当大臣、2014年9月～2017年8月には厚生労働大臣を歴任。

28年間にわたる国会議員時代にはビッグ・バン提唱、金融再生法策定、社外取締役導入などの会社法改正、コーポレートガバナンス導入、原子力規制委員会設置ほか、国際派の政策通として国政改革に尽力。また、厚労大臣としては、がん・難病ゲノム医療推進を目指す全ゲノム解析等実行計画を立ち上げるとともにデータヘルス改革などを強力に推進した。

議員引退後の2022年3月、政策シンクタンク「勁草日本イニシアティブ」を立ち上げ代表理事、2023年2月シン・ニホン パブリックアフェアーズのスペシャル・アドバイザー就任。片や里親登録するなど、自ら手掛けてきた法律の使い勝手を検証・改善するとともに、新たな施策にも挑戦し続けている。

議員初当選直後から「金融危機」との格闘

政治信条は「日本経済の国際競争力の回復」

八田　今日はありがとうございます。ところで、塩崎さんと最初に出会った時のことを今でも鮮明に覚えていますよ。私が青山学院大学に所属していた2002年、塩崎さんから直接、私の研究室にお電話を戴きました。第16回世界会計士会議が香港で開催され、中国の朱鎔基首相（当時）が本土から数千人の会計士と共に参加され、「21世紀、中国は会計立国を目指す」との力強いメッセージを発したのです。片や日本は閣僚級の政治家は誰も出席しておらず、日本公認会計士協会の役員や大手監査法人関係者が物見遊山といった観光気分で参加しているばかりで、存在感は圧倒的に稀薄だったのです。

私はそんな状況を目の当たりにし、このままでは日本はグローバルな会計基準においても、世界でまったく発言権を失ってしまうという強い危機感を抱き、あちこちで「大変だ、大変だ！」って騒いでいたのです。この2年前の2000年に早くから国際的に活動していた公認会計士の藤沼亜起（つぐおき）先生（2004年に日本公認会計士協会会長就任）が日本人として初めて、国際会計士連盟（IFAC）の会長に就任し、ようやく世界で発言していく足がかりを掴んだというのに、このままではその座を中国に奪われてしまう。そう思ったのです。

塩崎　そうそう、親しくしていたこの道に詳しい方から「あなたと同じようなことを言ってる会計学者がいるよ」って教えてもらったのです。

八田　残念ながら、政治家で会計や監査に関心をお持ちの方はとても少ないのですが、塩崎さんはその数少ない政治家の1人だっただけでなく、国際会計基準の導入にも前向きでしたよね？

塩崎　まぁ、会計は票にならないので、政治家はなかなか関心を持たないですね（笑）。私は日本企業、ひいては日本経済が国際競争力を回復することが、日本人の暮らしを良くする唯一の道と考えてきたので、国際的な会計基準を議論する場で日本が発言力を失うのはまずいと思っていました。会計基準は企業を評価する物差しですから、その物差しが日本企業にとって不利なものになるということは、国際競争力の回復にとって百害あって一利なし。そもそも、世界の競争相手と違う会計基準を使っていたら国際的な評価は得られません。競争相手と比べて優れているのかどうかが、わからないのですから。だから、国際会計基準の導入は日本企業が国際競争の土俵に上がるための必要条件であり、その導入推進に前向きになるのは、私にとって必然でした。

八田 塩崎さんは政策通で知られていますが、その根底にある政治信条は一貫して「日本経済の国際競争力強化」ですね。

塩崎 そうです。私が日銀を退職して初当選したのは1993年7月の衆議院選挙です。バブル崩壊後の不況が加速し、その後の長い暗黒の時代に入っていく入口の時期に政界に入っているわけです。かつて〝最強〟と謳われた金融機関がみるみる弱体化していく。株式市場も地盤沈下が止まらない。規制は多いし行政指導も続いている。そして、税制も投資家にまったくフレンドリーじゃない。企業業績も悪化の一途を辿り、賃金が下がる、雇用不安は広がる…。早く何とかしなければという思いから、初当選後間もなくして書いた論文が、月刊誌『中央公論』(1995年2月号)に掲載された「金融空洞化対策待ったなし」です。

行政主導ではなく〝政治主導〟で実現した「日本版金融ビッグバン」

八田 「日本でも国際会計基準を導入すべきだ」という議論は1990年代初頭からあったのですが、なかなか理解を得られませんでした。一気に現実味を帯びていったのは、やはりイギリスから10年遅れで実現した「日本版金融ビッグバン」(1996年)だったというのが私の実感です。

塩崎　金融ビッグバンは1996年11月に第2次橋本龍太郎内閣が掲げた「六大改革」のひとつで、「金融制度改革を2001年までにやります」というもの。改革の柱は「フリー」＝市場原理が機能する自由な市場、「フェア」＝透明で公正な市場、「グローバル」＝国際的で時代を先取りする市場の3原則。このグローバルの原則で国際会計基準という話になっていくのですが、その3原則に基づいて、さまざまな法律や制度を整備しますというものでした。

これでデリバティブ取引の解禁、為銀主義（対外取引のための全決済を原則として外国為替公認銀行＝為銀を一方の当事者として行うこと）の撤廃とか、証券取引市場に新興企業向けの市場創設などが実現していくわけですが、橋本内閣が金融ビッグバンをブチ上げるまでには相当な紆余曲折がありましてね。世間の人たちは、当時の大蔵省（現財務省）国際金融局長で「ミスター円」こと榊原英資さん（1965年旧大蔵省入省）とか、証券局長だった長野厖士（1966年同）さんとかが中心になって作り上げたと思ってるでしょ？　つまり、行政主導だったと。

八田　一般にはそういうふうに理解されていると思いますね。

塩崎　でも、行政主導なんかじゃまったくなかったんですよ。榊原さんたち大蔵官僚は、最初は不良債権を理由に完全な〝抵抗勢力〟だったというのが真相です。金融ビッグバン構想を直接作ったのは自社さ政権時代の、与党「行革プロジェクトチーム」を率いていた自民党の水野清さん（元建設大臣、橋本政権下で行政改革担当の首相補佐官を歴任）のアドバイスのもとで私が描いた〝絵〟だったのです。

当時は自民党、社会党、新党さきがけの連立政権の時代で、いくつものプロジェクトチーム（PT）がテーマごとにできました。その中のひとつが行革PTで、水野さんが自民党側の代表で、私は当選1期目の新人。水野さんから「オレは金融のことがわからないから、塩崎、案を書いてくれよ」と言って金融証券分野での大胆な改革の機会をくださった。さまざまな規制を嫌い、香港やシンガポールに金融取引が流出していた頃で、すでに金融が重要な政治課題であるということは共通認識としてあったんです。そこで多くの規制改革案をいろいろ考えて提案し、それなりに成果を挙げつつありましたが、ある日、水野さんが「小出しの規制改革をこれ以上やってもダメだろう、もっと大きい改革案を出してくれ」とおっしゃって。そこで、イギリスを手本にして、私がまとめ上げたのが日本版金融ビッグバン。

八田　そうですね。イギリスでは、ちょうどその10年前の1986年に、サッチャー政権によって行われた証券市場の大改革を宇宙の大爆発（ビッグバン）に例えて「ビッグバン」と称されるようになったことを見本にしていますからね。

塩崎　例えば、貸出金利規制をやめ、為銀主義をやめて為替を銀行の独占業務ではなくし、どこでもできるようにするとかね。私はこれを一切、大蔵省の役人の手を借りずに、日銀時代からのネットワークを駆使して多くの人から助言をもらって書き上げたんです。過去の大蔵省のやり方を根底から覆す中身なのに、それを大蔵官僚と相談しながらなんてできませんからね（苦笑）。で、それを水野さんのところへ持って行き、大蔵省側へのヒアリングが始まるんだけど、結局は大蔵省の抵抗であえなくお蔵入りになりそうになってしまうんです。

八田　もう少し詳しく教えていただけますか？

塩崎　大蔵省の榊原さん、長野さん、それに銀行局審議官の中井省さん（1968年旧大蔵省入省）たちはみんな、「良いアイディアだけど、今は不良債権問題の解決のほうが先で、それが終わってからでないと体力が持たない」と言う。それが1996年9月の衆院選直前の話です。

八田　それがどうして一転して世に出ることになったのでしょうか。

塩崎　自民党の選挙公約に盛り込んだからです。私はもともと衆議院議員だったんですが、小選挙区制導入の影響で、この前年に参議院に条件付きで転出したのです。このため、このときの衆院選は戦わずに済んだので、応援する側に回り、選挙公約を書くことになった。少し補足しておくと、自民党の公約って、叩き台は役人に書いてもらうんですよ。でも、行革っていうのは役人の仕事のあり方を変える提案なわけですから、ここだけは役人に書かせるわけにいかない。そこで、このときは自民党行革本部事務局長の柳澤伯夫さん（初代金融再生委員会委員長、元金融担当大臣）が公約全体を書き、金融ビッグバンの箇所は事務局次長の私が書くことになったので、大蔵官僚たちにいったんは葬られてしまった金融ビッグバンを公約に私が書いて入れたのです。

当時は〝ビッグバン〟なんて書いたって、誰もピンとこないから、カッコ書きにして「かつて英国で行われた大規模な規制改革」なんて入れたりしましたね。選挙後に首相に再任された橋本さんが、大蔵大臣と法務大臣を呼んで「ビッグバンをやる」って宣言してくださいまして、それで大蔵省もしぶしぶ従わざるを得なくなったんです。

1990年代最大の国難「不良債権問題」の本質を理解していなかった大蔵省

八田 日本の金融資本市場改革のスタートはまさに、この橋本内閣の日本版金融ビッグバン宣言だと私も認識しています。

塩崎 こうして刑法に抵触し、賭博罪に該当していたデリバティブ取引もようやく合法化され、金融の規制改革は進み始めました。しかし、最も根深い問題はバブル崩壊によって積み上がった金融機関の不良債権問題でした。当時、不良債権問題に切り込もうとしていたのは、自民党幹事長だった加藤紘一さんでした。でも、加藤さんの下で実際にこの問題に従事していたのは石原伸晃さん（元衆議院議員、元国土交通大臣）と根本匠さん（元厚生労働大臣）。ただ、残念ながら、当初は不良債権問題は「土地問題」だという認識だったんです。担保の土地が腐っているから、不動産を土地区画整備事業などをうまく活用してどう活性化するかという問題なんだと。
しかし、私は「いやいや、違うよ」と。これは金融問題であって、担保価値をいい加減に見ているからダメなので、市場の実勢で見ないといけない、貸しているお金と担保だったら、担保の土地のほうをどうにかして貸しているお金とバランスさせるのではなく、土地が産み出す収益の価値をちゃんと市場実勢に合わせて評価して、それに見合わない額の貸出債権は引当金を積んで損失を認識しなきゃいけないんだ、と。だから、「これは会計問題なんだ」と主張したのです。石原さんたちも理解してくれました。しかし、彼らはオトナだから、「塩崎が言うようなことをしたら、日本経済が倒れてしまう」って言うんですね。

八田　そうこうして躊躇しているうちに金融機関の破綻を招いてしまうわけですね。1997年から1998年は、わが国では、これまでに経験したことのない金融システミックリスクが顕在化した時代です。これも、根底には、会計問題を軽視してきたツケがきたのでしょうね。

塩崎　残念ながら、そうなりました。ビッグバン宣言から1年後の1997年11月に三洋証券に加え、北海道拓殖銀行が経営破綻するのですが、この時、実は常時、銀行の内情を把握していた大蔵省も、不良債権問題の本質をまだわかっていなかったというのが私の見方ですね。というのも、私はこの2カ月前に大蔵政務次官を拝命していて、後に金融再生法として実現した「一時国有化法案」の策定を大蔵省内で訴えている最中、三洋と北拓が破綻したのです。私は「北拓に限らず、事実上経営が破綻している金融機関はズルズルと延命させたりせず、破綻処理するべきだ。ただし、取り付け騒ぎが起きてはいけないから一時国有化する形をとれ」と主張していました。

預金は守って国有化中に不良債権を処理し、健全な状態に戻して民の手に戻す、いわゆる「一時国有化方式」を主張していたんですが、大蔵省がクビを縦に振らなかった。大蔵省は、北拓も他の健全行との経営統合でどうにかしようと考えていたわけですが、どこの銀行もそんな破綻瀬戸際の銀行を引き受けるのはまっぴら御免です。そんな中、ついに持ち堪えられなくなった北拓については、大蔵省は北洋銀行への健全債権の営業譲渡発表で対応せざるを得なくなったのです。

八田　金融機関に対する許認可権限を有する大蔵省にしてみれば、きちんと破綻処理するということは、過去の金融行政の失敗を認めることになる。だから、拒否感があったのでしょう。

塩崎　まさにそうでした。一時国有化を否定する理由として彼らが持ち出してきたのは、「銀行の株主から国が損害賠償請求を受ける可能性がある」ということでした。私は大蔵省、法務省民事局の役人とともにホテルの一室に籠もってこうした議論をしていたんです。私は「損害賠償請求なんてことは起きない」って言ったのですが、同席していた法務省の幹部まで「その可能性は否定できない」とあいまいなことを言う。後日、この法務省担当局幹部が「一時国有化の是非の判断を一晩やそこらで裁判所がするのは無理だ」と言ってきたので、「何を言ってるんだ」と。法務省としては、裁判所が判断するには時間がかかる、何もわからずに判断できないっていう理屈なんですが、その同じ裁判所が詐欺事件の逮捕状だったらすぐに出すわけでしょう？　要は、事の真相はほとんどわからず判断しているものもたくさんあるわけです。

詰まるところ、「やりたくない」だけなんですね。ついでに「銀行を破綻処理したら銀行の株主から国が訴えられる可能性は否定できない、と法務省は言っていたが、それはどうなるのか？」と聞いたら、その法務省幹部は今度は「そのようなことは心配することはないでしょう」としゃあしゃあと応えてきました。役所というのは、自らの組織防衛しか考えていないのですね（苦笑）。

八田　現状を変えることに抵抗するのは「役人の本能」と言っていいかもしれませんね。

塩崎　大蔵省は検査で債権保全はできている、と結論づけて来たため、今さら債権保全ができておらず、よく見たら債務超過でした、と破綻を認めることはできなかった。銀行の帳簿上では担保不動産の価値が100あることになっているけれども、実際には90とか80しかない、というあたりまでは、彼らも許容範囲だったんでしょう。ここまでは一般貸倒引当金の概念で対応可能です。でも、それが「実は収益還元方式ならばもはや20しかない」という考え方そのものがなかった。そして国税庁にはデューデリジェンス（適正評価手続き）という考え方が当時はなかった。したがって、こうしたロスの認識の仕方は想定し得ず、だから結果、当時は法人税法の通達をどう書き替えるかわからない状態でした。そこで私は当時、こうした扱いに精通していた外資系監査法人にお願いし、デューデリジェンスの扱いを会計上はどう処理し、それを税法上はどうすべきか、国税庁に理解をしてもらいました。

八田　北拓の破綻から1年後の1998年に破綻した日本長期信用銀行（現新生銀行）、日本債券信用銀行（現あおぞら銀行）は、誕生したばかりの金融再生法で処理され、塩崎さんが主張しておられた一時国有化のスキームが適用されますね。

塩崎　参院選での自民敗北が結果的に功を奏したというのは、間違いないです。1998年7月の参院選で自民党が大敗し、私自身、大蔵政務次官の職を離れざるを得なかったのですが、衆参のねじれが生まれたことが結果的に幸いしました。自民党では加藤紘一さんが失脚して野中広務さんが幹事長に就任するわけですが、野中さんは金融が専門じゃないから、加藤さんほどこの問題に関心は薄かったが、政治家としての勘は鋭く、われわれの話を良く聞いてくれた。そこでようやくわれわれの意見が通り始めたのです。1998年10月に金融再生法と金融早期健全化法が誕生し、長銀と日債銀の破綻処理は再生法に則って実施することができました。金融は経済の血液ですから、金融機能の正常化は日本企業の国際競争力回復のための第一歩だったんですが、すでに、ここまでに初当選から5年の歳月が流れていました。

「日本版ガバナンス改革」は本当に機能しているのか

政治信条は「日本経済の国際競争力の回復」

八田　塩崎さんが1993年の総選挙で初当選されてから5年ほど経った1990年代末の時期は、株式市場低迷の影響を受け、企業年金の運用環境が大きく悪化していましたね。その結果、確定給付年金制度が維持できなくなって、401K（確定拠出年金）制度導入に向けて動き出したのも、この時期になります。

塩崎　そうですね。橋本政権下で手を付け、推進派の議員連盟も立ち上がり、私もそこに参加していました。長勢甚遠さん（元法務大臣）が試案をまとめたときは、確か、すでに小渕政権になっていました。2000年に上場企業のバランスシートに計上される企業年金、退職金の負債超過額に国際会計基準が導入されて、法案が成立したのは小泉純一郎さんの首相就任直後の2001年5月です。

1999年末当時の日本人の個人金融資産残高は約1400兆円弱でした。そのうち53％が現預金で、次いで多かったのが保険と年金で３割。株式はわずか８％に過ぎませんでした。実は、これはこの10年前、バブル期でもあまり変わっていなかった。だから、「貯蓄から投資へ」と呼びかけて、個人も自分で考えて資産運用をしなさいというふうになったのです。とはいえ、これはそれからさらに20年経った今も大して変わってないんですよね。２０２２年12月に日銀が発表した個人金融資産残高は２００５兆円、そのうち現預金は54％で、株式は今も８％です（２０２２年7~9月期の資金循環統計＝速報）。見事に変わっていませんよね。債券を含めても証券は、依然として14％です。

八田　そもそも日本人の金銭感覚としては、貯蓄することが美徳と考えられており、子供の時から自己責任で投資を行う慣行のあるアメリカとは大違いですから、家計の総資産残高はなかなか増加しませんね。

塩崎　確かにこれをアメリカと比較してみると、20年間で個人金融資産残高は、日本は１・４倍にしか増えていないけれど、アメリカは3倍になっている。アメリカは、現預金は11％、債券と株式の合計で53％を占めるんです。残りの３割は年金です。リスクアセットの差がそのまま出ている。やはり、リスクをとって運用しないと資産は増えないということを明確に証明しています。

しかし、こういった数字は毎年公表されていながら、何も変わらない。相変わらず企業年金は元本保証型のアセットが一番大きいし、証券会社が窓口で投資商品を薦めるときも、元本保証型の投資商品を薦めてしまう。これをやめさせない限り、日本の個人金融資産の内訳は何ら変わらないでしょうね。

八田 さらに、日本国民はまともな投資教育を受けていませんから、リスクをとるという考え方ができないんでしょうね。

塩崎 年金改革のときに野党や労働組合の人に「元本保証型商品の年金運用資産への組み入れを順次減らして、リスク資産を増やしていったらどうか」と提案したら、ものすごく抵抗されましてね。基本的には政府が保証してくれるし、保証されて然るべきだ、という考え方なんですよ。

八田 ただ、「自己責任」原則の大前提として、投資家が判断するための材料、たとえば財務情報は、真実かつ適切で、タイムリーに開示されていなければなりません。開示がなされない一方で、「自分の判断には自分で責任とれ」というのでは詐欺に近いですからね。ところが、日本の資本市場において、財務情報が本当に信頼あるものとしてタイムリーに開示されてきたのかというと、残念ながら、20世紀までの金融機関などはお寒い状況にあったというほかない。含み資産や損失の先送りを許すようなドメスティックな会計ルールが罷り通っていました。透明性の高い会計基準、それも国際的に認められるものに近づけていく。そのために必要だったのが2011年3月期からの国際会計基準の導入でした。

塩崎　日本経済の国際競争力を高めるということは、日本企業の財務情報が世界で認められたものでなければいけない。そのためには、会計基準という〝物差し〟が世界標準である必要があります。会計基準の策定を大蔵大臣の諮問機関である企業会計審議会から、民間（財務会計基準機構）の企業会計基準委員会に移管するのは2001年に実現できたけれど、あれは、あの年に国際会計基準審議会が「加盟国の基準設定主体は民間団体でなければならない」と言ってくれたから。しかし、国際会計基準の適用実現にはそこから10年かかってしまいました。

八田　現時点でも任意適用の国際会計基準であることから、現在、3800社ある上場会社のうち、国際会計基準導入企業数はまだ250社くらいです。ただ、株式の時価総額ベースではようやく全体の半分近くになりました。でも、まだまだ周回遅れというのが実情ですね。

「社外取締役」は本来の役割を果たしているのか

八田　2014年に金融庁が策定したスチュワードシップ・コードと、2015年に金融庁と東京証券取引所が共同で策定したコーポレートガバナンス・コード。この2つのコードの誕生は、上場企業が説明責任を自覚する大きなきっかけになったわけですが、2013年6月に第

2次安倍政権で閣議決定された「日本再興戦略」に、稼ぐ力の源泉としてガバナンスの強化が盛り込まれたことで実現したと言っていいでしょう。

塩崎　実は、コーポレートガバナンス・コードは、内閣が作らせることを決めたのではありません。私が自民党の政調会長代理として、自民党の日本経済再生本部の成長戦略の中心政策提言の中で提案したもので、ほとんど一字一句違わずに、そのまま政府の成長戦略にカセットのように入れ込まれたものです。また、当初、金融庁は共同で事務局を担うことを嫌い、逃げ回りましたが、私は許しませんでした。ただ、私個人としては、日本ではスチュワードシップ・コードがコーポレートガバナンス・コードよりも先になったのは、順番が違うなとは思っています。

八田　嫌がる経団連の強い反対を押し切って、会社法に社外取締役のことを入れたのは、どういう視点からでしょうか。

塩崎　正直、長い戦いでした。そもそも、人間は〝誘惑〟に弱い生き物です。目先の利益のために、失敗するリスクをたくさん抱えている。企業が競争力を高め、持続的に成長していくためには、さまざまな角度から光を当てて、リスクをコントロールしていく必要があります。それは外部の目があって、緊張感を持って経営を行って、初めて可能になる。

しかし、経団連の猛反対に遭って大変でした。財界は「日本には社外取を務められる人材はいない」の一点張りでね。ところが、今では当たり前のように大手企業が社外取を招聘しているでしょ。もっとも、ひとりで5社も6社も掛け持ちしている有名人が何人もいて、本当に機能しているのだろうか？　というのが正直なところですね…（苦笑）。

八田　外部の知見を入れ、外部の目で監視することは絶対に必要なのですが、自分たちのミッションないし役割を正しく理解できているのか疑問に思うような社外取締役の人が少なからずいますね。社外取人材に必要な資質は何だと思われますか。

塩崎　ちゃんと提言できる人ですね。社外取には企業を引き締めて強くしていってほしいのですが、残念ながら、世界の競争で勝てていない日本企業の現状を見れば、まったく効果が出ている気がしない。

八田　アメリカも昔は、社外取締役はＣＥＯ（最高経営責任者）の〝お友だち〟で固められていましたけれど、時代とともに変わっていったんですね。株主の目が厳しくなるにつれて、執行者からの社外取の独立性を高めるために、指名委員会で選任するなど、制度を改良していった。アメリカには社外取の人材推奨会社もあります。

しかし日本の場合は、社外取の選任発議はほとんどＣＥＯが行っていて、指名委員会はそれを事実上追認しているといったことがいまだ続いているようです。適任者についても、招聘する会社側は「わが社のことを熟知している人を」なんて言うのですが、早稲田大学の上村達男名誉教授によれば、社外取は就任する会社のことを熟知していちゃダメなんだそうです。というのも、詳しく知ってしまったら、もっと端的に言えば、その会社に馴染んでしまったら批判的な視線がなくなるから。私は、社外取は業界のことはある程度知っていたほうが良いだろうと思っているのですが、それでも知り尽くしている必要はまったくないと思いますね。

塩崎　問題なのは、社外取締役に大事な情報がほとんど上がっていないことなんでしょう？

八田　おっしゃる通りです。だから、不祥事が起きたとき、社外取締役は開口一番、「聞いてないよ」となる。そう言っておけば、監督責任を問われないと思っているし、実際にこれまで問われるようなケースもなかった。しかし、「それじゃアナタ、何のために社外取をやっているんですか？」と問いたい。

知らなかったのなら知らなかったで、有事には社内調査委員会を立ち上げるとか、仮に利益相反が起きそうであれば、第三者委員会の設置を主導するといった役割を率先して果たすべきなのです。社外取はイニシアティブをとって、ステークホルダーのためにリスク対応をすべきなのですが、人によっては辞任して、何もせずに逃げてしまう有り様です。アメリカで社外取がそんなことをしたら訴訟を起こされて大変ですから、ちゃんとイニシアティブをとるんですよね。

不祥事企業で立ち上がる「第三者委員会」も機能不全

塩崎　最近、不祥事企業でよく立ち上がっている第三者委員会というのも、いろいろ問題があるんでしょ？　厚生労働大臣だったとき、厚労省傘下のとある公益法人で不祥事があって第三者委を立ち上げたんだけど、そのとき、委員を務めていた弁護士が、あとになってその公益法人の顧問弁護士に就任していたので、心底あきれましたよ。この公益法人は収益事業をやっていて、かなりの内部留保を持っていたんです。この強欲な弁護士とは2年間も水面下で激しく争って、最後はこの公益法人を株式会社化させましたけどね。第三者委が弁護士のビジネスになっている印象を持ちました。

八田　それに加えて、第三者委員会の活動に対しては、かなり高額な費用を負担させられているのに、それを当該企業が開示しないことも問題ではないかと思っています。

塩崎　社外取締役や第三者委員会の関連で言うと、東日本大震災を受けて、２０１２年に野党であったにもかかわらず、私の議員会館の部屋で作成した議員立法によって日本で初めて原子力規制委員会をつくりましたが、その際、アメリカのＮＲＣ（米原子力規制委員会）を参考にしました。

米国の委員は日本と同じで全員で５人。その委員が必要な情報を得るために事務局の役人からヒアリングすることはＯＫなんだけど、事務局の役人たちから委員にアプローチするのはダメ。〝ご進講〟なんてもってのほかです。また、５人の委員は各人、専門のスタッフを何人かずつ持つことができて、スタッフの任免はその委員次第。もちろん、経費は政府が負担します。役所の官僚を使う義務はありません。つまり、委員が自分で信頼して選んだスタッフと相談して意思決定ができるわけです。

一方、５人の委員は、事務局メンバーである役人のメール内容も自由に見られるから、事務局がウラで何をしているかがわかるのです。逆に、事務局側は何も情報をとれない。良くできた仕組みでしょ。ところが、今の日本の社外取締役は、専任のスタッフを付けてくれるといっても、それはその会社の人。だから、会社に都合の良い情報しかとれないし、その社外取が会社にとって都合の悪い情報を収集しようものなら、すべて会社側に筒抜けになってしまう。端的に言って、事実上、独立性はなかなか難しいわけですよ。

八田　第三者委員会の場合はもう少しマシですが、それでも、事務局はその不祥事企業の社員が務めるわけですから、多くの場合、第三者委の情報は会社側に筒抜けになってしまうようです。不祥事を頻発させた三菱電機の第三者委なんて1年以上にわたって調査が入っていましたから、結果、３ケタ億円単位の費用がかかったとのことです。そのうえ、第三者委は三菱電機の経営側に作成途上の報告書を見せたりしていたのですよ。カンニングさせていた第三者委委員の言い分というのが、「自分たちの認識が間違っているかもしれないから、一応、会社側に確認したまでだ」というもの。独立性や透明性を維持しようという意識はまったく感じられません。

〝ガバナンス無法地帯〟と日本のグローバル人材確保

道半ばの「公益財団法人」改革　難攻不落の〝伏魔殿〟学校法人

八田　塩崎さんは「公益法人改革」にも積極的に関与されていますね。どういった問題意識だったんでしょうか。

塩崎　ひとつは、スポーツ競技団体でいろいろと不祥事が起きたことがきっかけですね。日本相撲協会とか日本レスリング協会とか…その多くが公益財団法人でした。そこで、〝内側〟を見てみると、どこもまるでガバナンスがいい加減だったんですね。そして、ほぼ同時期の2018年に、学校法人の東京医科大学で医学部不正入試問題なども明るみに出ました。これまた中味を見たら、学校法人と文部科学省の通知行政におけるガバナンスがとんでもないことになっている。つまり、監督する側・される側双方が一体となって極めて〝尻抜け〟のガバナンスを形成していたことが判明しました。それが、私が学校法人改革に踏み出した動機です。

八田　おっしゃる通り、非営利組織や公益性の高い法人は、組織人が性善説に基づいているのか、脆弱なガバナンスしか備えていないところが大変多いようです。私立の学校法人の機関設計においても、多くの欠陥が指摘されます。

塩崎　何しろ、評議員会が組織上一番下にあるんです。私は、評議員会というのは、学校運営を担う理事会を監視する組織とばかり思っていたのですが、文科省の役人は「諮問組織だからこれでいい」って言うんですね。一体、これは何なんだと。そこで、自民党行革推進本部長として学校法人問題に切り込もうとしました。ところが、「徹底的にこの問題をやろう」と座長の代議士に言ったら、「ホントにやるんですか？」と言う。この代議士にはわかっていたんですね、学校法人がとんでもない〝伏魔殿〟だってことを…。でも、私はわかっていなかったから、無邪気に地雷原に突っ込んで行きましたし、それは日本の将来のためでもあるのです。

八田　業務の執行と監督を分けなさいというのがガバナンスの考え方の基本です。自動車にアクセルとブレーキがあるように、適格な牽制機能を持たせることがガバナンスなんですが、スポーツ団体は、かつてのその種目のトップ選手がそのまま組織のトップになっていたりするから、持っている（その競技に関する）知識が全然違うんですね。だから、業務執行と監督を分けるという発想が出てこない。

同じことは学校法人や医療法人、社会福祉法人にも言えます。その根底にあるのは、「自分たちのカネでやってるんだから、他人からとやかく言われる筋合いはない」というわけです。なかでも学校法人は、もともと篤志家が自分が願う教育理念で教育する場をつくるためにカネを出している。それに対して意見を言ってもらう評議員会は諮問機関に過ぎず、しかも、評議員の大半は無報酬でのボランティア。つまり、仲間内で運営をやっているのです。しかし、決定的に欠落しているのは、公益法人として享受する莫大な額の固定資産税などの免税等、優遇税制効果に対する認識です。加えて国からも補助金などをもらっている、こうした莫大な補助金や助成金、交付金の原資もすべてが税金であるという視点です。

塩崎　まったくおっしゃる通りです。文科事務次官に「何でこんなに学校法人は腐ってるんだ？」って聞いたら、「私財を投げ打っていますから」と言う。しかし、「投げ打った」という私財にも贈与税は掛かっていません。

八田　実際に私的流用も多いみたいですしね。会計監査も中途半端です。

塩崎　会計監査が入っているのは、税金が投入されている部分の使い道のところだけですね。学校法人はグループで関連の株式会社もたくさん抱えていますが、グループ全体への会計監査は義務付けられていません。それは、株式会社には補助金が行ってないからという理由なんです。

八田　評議員会は理事の選任権は持っていないものの、解任権だけはある。ところが、評議員には学校側職員も入っていますから、余程のことがあっても、解任権を発動することは難しいです。

塩崎　そもそも、理事の選任権が誰にあるのか？　私学法上規定がないでしょう？

八田　彼らは、それを「寄附行為（公益事業を行う財団法人を設立する行為）自治」って言っていますよ。株式会社の定款に当たるのが寄附行為で、そこに定めておけば何でもあり。現行の私学法は何でもかんでも寄附行為に任せていますからね。

塩崎　私は国会議員を引退しましたが、公益法人改革、なかでも学校法人改革は別の方にも担ってほしい仕事ですね。

人材の育成・確保こそが「日本経済の処方箋」

八田　塩崎さんは日本の大学教育のありかたについても一家言おありですね。

塩崎　最近、日本の優秀な人材が海外の大学にそのまま行ってしまって、帰って来ないケースがかなり増えてきています。そういう有為な人材は、もはや東京大学も含めて、日本の大学を見限ってしまっています。それは取りも直さず、日本の大学に魅力がないから。これは、日本の将来を考えるうえで大問題です。

八田　日本には真のエリート教育ができる大学がありませんからね。伸びる人を伸ばさず、ダメな人をそこそこに繕う〝悪平等教育〟となっています。こんなことで革新的、創造的な人材を輩出することは土台ムリな話です。

塩崎　たとえばイギリスのカレッジは基本的に全寮制で、1人のメンター（指導者）が面倒を見る学生はたった5人程度。当然ながら、指導は濃密だし、加えて、寮の中ではさまざまな国からさまざまな経験を積んでいる者同士が、多様な価値観を学び合い、そのなかから新しいアイディアが生み出されてくる。オックスフォードやケンブリッジ、LSE（ロンドン・スクール・オブ・エコノミクス）のようなイギリスの大学に行けば、そういう得難い経験ができることがわかっているから、世界中から優秀な人材が集まるのです。そして4年間寮を共にした者たちは、文科系、理科系を問わず、一生の友となるのですね。

そうやって大学時代に濃密な関係を築いた学生たちは、卒業してからも、互いにネットワークを張り巡らし、メンターの教授とも関係を保ち続け、世界で、あるいは自国に帰ってから国を動かすような大きな仕事をする。多様な価値観を踏まえたうえで、新しいものを生み出しているわけで、たとえば、今話題のチャットGPTでは、グーグルのAI（人工知能）部門責任者のジェフ・ディーンの大学時代のネットワークが活きていると言います。日本のこぢんまりとしたスタートアップとはまるでレベル感が違いますよね。

八田　日本では型破りの革新的ないしは創造的なアイディアを持った人たちを国として育成す

るといった土壌がまったくありませんからね。

塩崎　結果として、多様な価値観で成り立っている世界の企業に、日本企業は負け続けているという現実があるわけです。社外取締役を入れるということは、価値観を多様化するということにほかなりません。そこに抵抗したり、自分たちの保身に都合の良い条件を付けたりするのは、〝真の競争力〟とは何かをわかっていないということでしょう。私は28年間国会議員をやりました。その期間はまるまる失われた30年と被っています。さまざまな政策を実行してきた自負はありますが、残念ながら、効果を実感できていない。つくづく無力だったなと思います。

八田　塩崎さんが国政から離れられて、すでに1年半ほどになりますが、今、〝官〟がやらなければならないことは何だと思われますか。

塩崎　民間が本気で海外から優秀な人材を呼び込めるように、会社自体がそれぞれ能力評価の〝物差し〟をつくらざるを得ないように追い込むことでしょう。日本でもグローバルな企業の一部は「年功序列型雇用」から「ジョブ型雇用」にし始めていると言われていますが、大半は「ジョブ型」と謳いながら、各企業の実情に接ぎ木した「日本型のジョブ型」の範囲でしか行われていない。逆に言えば、本当に優秀な人を何が何でも世界中から国籍に関係なく集めるわけではなく、本気で人材間の国際競争はしないということです。既存の給与体系に根本的に手をつけなければ、海外から優秀な人材を呼び込むことなどできません。

本来であれば、官が主導して、日本でも世界に通じるジョブ型の雇用体系を構築しなければならないのに、水面下では役所が率先して〝なんちゃって〟で済ませて良いよ、というのが実情のようです。

そもそも、政治が手を突っ込めるのは官だけであって、民間には細かく口出しはできません。だから、私は国会議員時代から、公務員制度改革を実行することによって官を「出入り自由」にする、すなわち、官民共通に人材をきちんと評価する制度を法律でつくることによって、民間の発想を変えさせるべきだ、と主張してきました。つまり、官がやってみせて、民間と〝物差し〟をそろえていくという発想です。

八田 人材の問題は塩崎さんのライフワークのようですね。

塩崎 人口減少社会において、グローバル人材をいかに確保していくかは大いに関心のあるところですし、私自身、現在もいろいろなところで提言を行っています。ただ、日本くらい、少子高齢化を前提として国家運営を想定してきたのに、そこで思考停止になっている国は珍しいですよね。たとえば、先ほども話題にした大学。少子化で経営が大変だというけれど、私からすれば、「だったら、国の外から入れればいいじゃないか」と。確かに、頭数だけ留学生を入学させて、その人頭に応じて補助金をやるなどという政策をとってきましたが、こんな方法は邪道ですよね。だから、優秀な人材をいかに日本の大学に集めるかを考えるのが、王道なんです。

八田　ただ、大学だけに関して言うならば、すでに現時点で、大学の数が多すぎるということです。実際にちょうど半分の大学は、定員割れ状態になっていますから、国際競争力の視点からも、極めて深刻な状態にあると言わざるを得ません。

塩崎　これからさらに深刻化する社会保障の問題も、国内、日本人だけの少子化対策だけをやっても、解決には至りません。それでは、社会保障の質を下げるか、国民負担を上げるかの二者択一しかない。その両方を改善しようと思うのなら、外国から人材を入れるしかないのです。競争力という観点からも、外から人材を入れないと、日本経済は立ち行かなくなる。そこで、手始めに私が今やっているのは、技能実習と特定技能の2つでちぐはぐになっているグローバル人材の問題について、整合性のある統一的な改革ビジョンを示そうということで、これは与党とも連携して進めています。

八田　これも人材の問題になるのかもしれませんが、「里親問題」にも熱心に取り組まれていますよね？

塩崎　そうですね、私自身も里親登録しています。私の地元の愛媛県は里親委託率（虐待などの諸事情があって親元で暮らせない子どものうち、里親やファミリーホームで養育されている子どもの割合）がまだまだ低く、2割少々です。諸外国では8割程度で、オーストラリアなんて9割に上ります。ただ、里親問題を解決するには都道府県の児童相談所だけでは無理なので、

「フォスタリング機関」と呼ばれる民間の里親支援団体とのパートナーシップが不可欠なんです。しかし、愛媛県にはこれがなかったので、２０２３年1月にＮＰＯ（非営利活動法人）を立ち上げ、私は全面的にコミットしています。やはり、子どもをめぐる問題を解決していくのは、日本の人材問題の一丁目一番地という思いからです。

八田　いまだ現役でご活躍ですから、まだまだ〝引退生活〟というわけにはいかないようですね（笑）。今後とも大いに頑張ってください。どうもありがとうございました。

塩崎恭久氏との対談を終えて

2002年11月、香港にて開催の16回世界会計士会議に参加して帰国した直後、大学研究室に1本の電話が入ったのである。

相手は衆議院議員の塩崎恭久氏で、開口一番「香港の会議では、大きなショックを受けたのではないですか?」と言われたのである。確かに会計の世界では、国際会計基準（IFRS）の受け入れが現実になりつつあり、それを先取りする形で、中国では「会計立国」を目指して、国家的事業として会計大学院を設置するとの朱鎔基首相の講演があったからである。

こうした時代の変革を察知して、いち早くIFRS導入の必要性を説き、さらには、日本企業の活力を呼び戻すためにはガバナンスの強化が必要だと説き続けてきた塩崎氏と、あらゆる組織に求められるガバナンスについて、徹底的に議論することができた。

とりわけ、上場企業のガバナンスの強化のために一定の役割を果してきている「コーポレートガバナンス・コード」の策定に直接的な影響を与えた張本人である塩崎氏から見て、社外取締役の働きも含め、現在の状況は、いまだ道半ばとの評価をされており、わが国の市場の活性化に向けた課題はいくつか残されているものと思われる。

政策通と評された塩崎氏ではあるが、2021年をもって国会議員を離れたことで、これまで尽力されてきた、ガバナンス改革の実態を振り返るとともに、残された課題等について、忌憚のないお話を伺うことができた。相変わらず、日本国の行く末を案じ、かつ、日本経済の復活に向けた処方箋について先駆的な提言を伺うこともできた。その際のキーワードは、やはり「ガバナンスの改革と強化」が、共通の課題の根底に潜んでいるものと理解することができた。

（2023年3月記）

牛島　信

アクティビストの力で実現する「ガバナンス改革」の即効性

企業法務の領域で長年活躍する弁護士にして、小説家の顔も持つ弁護士・作家の牛島信氏。
今もM&A（合併・買収）や国際訴訟など複雑な案件の第一線で立ち続ける傍ら、NPO法人日本コーポレート・ガバナンス・ネットワーク理事長も務める。
日本企業の表も裏も知悉する牛島氏だが、日本経済再興のツールこそコーポレートガバナンスだと語る。
「失われた30年」から日本を救う、そのガバナンス論の真髄とは―。

profile

牛島　信◆うしじま・しん

弁護士

1949年生まれ。東京大学法学部卒業後、東京地検検事、広島地検検事を経て1979年に弁護士登録。

現在、M&A（合併・買収）やコーポレートガバナンス、少数株主をめぐる訴訟、不動産証券化、知的財産、情報管理、国際訴訟などで定評のある牛島総合法律事務所代表パートナー。

日本生命保険社外取締役、一般社団法人東京広島県人会会長、NPO法人日本コーポレート・ガバナンス・ネットワーク理事長。

弁護士業の傍ら、1997年に『株主総会』で小説家デビューしベストセラーに。『社外取締役』『少数株主』などの企業法律小説やエッセイも多数。近著に『日本の生き残る道』『会社が変わる！日本が変わる!!―日本再生「最終提言」』（田原総一朗氏との共著）、2023年5月には20年余の交流があった故石原慎太郎氏へのオマージュ『我が師石原慎太郎』を上梓した。

惰性の〝社長〟内部昇格で日本経済「失われた30年」

「企業の存在意義は〝雇用の最大化〟である」という確信

八田　牛島さんが2022年9月に出された『日本の生き残る道』を拝読しました。日本の復活を強く望み、それを実現するのはコーポレートガバナンスだというご主張、まったく同感です。牛島さんが日本の復活を強く望まれる背景には、1949（昭和24）年生まれ、私も同じで団塊最後の世代だということがあると強く感じました。

牛島　そうでしたか（笑）。何か因縁めいたものを感じますね。

八田　牛島さんは2浪して東大法学部に進まれたんですね。当時は〝東大至上主義〟の時代でしたから、私も目指していましたが、1浪した翌年の1969年は学園紛争で東大の入試がなく、進学を諦めました。しかし、牛島さんは初志を貫徹されたんですね。

牛島　当時は現役で東大に合格できる人は少なく、私の周囲には3浪も多かったですね。

八田　われわれの世代は高度成長期の真っ只中で10代を過ごし、その後も右肩上がりの経済で

20代、30代を過ごしています。日本は1968年にGDP（国内総生産）が世界2位になり、1970～1980年代の日本は世界中から尊敬を集めました。ところがバブルが弾け、日本経済が凋落し始めたのは、40代も半ばになった頃でした。

同世代もしくは、それよりも上の世代の人の中には、古き良き時代を無批判に懐かしむ人もいますが、牛島さんは凋落の原因が、その古き良き時代に有効に機能していた社会システムが機能しなくなって以降、長期間有効な手だてが打たれないまま30年以上が経過してしまったということを冷静に分析されています。

そのうえで、現状打開のために必要なのは、リーダーシップを発揮できる経営トップ、即ち社長であり、そんなリーダーシップのある社長選びを可能にする仕組みこそが、コーポレートガバナンスだと主張されています。コーポレートガバナンスの概念を広範囲に捉えず、「適格な社長選任の仕組み」という点に集約された点、大変に特徴的だと思います。

牛島　私は企業の最大の使命は雇用の維持・増加だと考えています。コーポレートガバナンスとは、「雇用を最大化できるだけの富を生み出せる人物を、経営者として選任するための仕組み」だというのが、私の中でのコーポレートガバナンスの定義です。

八田　そういった考えに辿り着くに当たっては、何かきっかけがあったのでしょうか。

牛島　２００６年に王子製紙が北越製紙に敵対的買収を仕掛けたとき、これがきっかけですね。

私は北越の代理人として、王子の買収から防衛する側だった。私は法律家ですから、法廷闘争に発展した場合のことを第一に考えました。結果的に本件は法廷闘争には至りませんでしたが、どうしたら王子製紙による買収が不当なものであるということを裁判所に認めてもらえるのか、会社とは何のため、誰のためにあるのか、徹底的に考えましたね。

八田　確かに、コーポーレートガバナンスについて盛んに議論がなされるようになった時、誰もが、会社は誰のものかとか、会社は何のためかといったことを口にしていました。

牛島　そこで辿り着いたのが、企業が富を増やす目的は、雇用のため、そしてその最大化のためであるべきという考えです。というのも、このとき、王子は北越が導入した最新鋭設備の共同利用を持ちかけてきた。しかし、それは北越の成長を妨げる内容であり、北越の雇用を壊しかねません。人間は一義的には生活費を稼ぐために働くわけですが、自分の仕事が社会に役立っているという自覚を持てれば、人間は自尊心を持つことができ、幸福になれる。この考えを突き詰めていくと、企業が富を増やしているかどうか、企業価値が上っているかどうかを表す〝代理変数〟が利益と株価ですから、経営者にはそのことへの説明責任が発生します。

八田　おっしゃるとおり、組織のトップには、自身の有する権限を行使した結果については、関係者に対しての説明責任が課せられていると言うことは、極めて重要な指摘です。

牛島　その説明が合理的かどうか。その人物が経営者として企業の富を増やしているか、増やし続けていけるのか。それを株主が判断し、適格性のある人物を社長に選任して、適格性のない人物は解任する。そういう仕組みがコーポレートガバナンスだと考えています。もちろん雇用の行き過ぎた保護は排除されるべきで、企業価値に比べて過大な雇用は国民を幸福にしないことは言うまでもありません。ただ、日本を救うには、社長選任の仕組みを変えるしかないと思います。

バブル崩壊をきっかけに不在になった〝経営者の監視役〟

八田　社長が基本的に内部昇格で、その内部昇格の社長が、これまた内部の候補者の中から後継者を指名する。この慣行を破らないとダメだと?

牛島　内部昇格によって社長が決まっていく今の日本企業の慣行は、実は戦後のものなんですよね。戦前の日本の株式会社は直接金融で成り立っていて、資本家が経営者を決める仕組みが機能していました。

八田　今でも財閥系の企業グループは存在していますが、戦後から今日に至る間に、その影響力は大きく変化していますね。

牛島　そうです、戦後、財閥解体の過程でＧＨＱが財閥から接収した傘下企業の株式は、後に株式市場で広く売却されます。それが株の持ち合いにつながりました。株式会社の株主が資本家から持ち合い株主に代わったわけです。この結果、株式会社は従業員の協同組合になり、そのなかでの経営者は、社内で面倒見が良い人、仲間から信頼されている人が、一つひとつステップを上がって到達するポジションに変貌したわけです。

八田　つまり、わが国の場合には、真に経営能力やマネジメント能力を有していなくとも、仲間内での協力を得て社長に就いていられたわけですよね。

牛島　むしろこのやり方が忠誠心を高めていたと思います。また、高度成長期には企業の成長にとって必要な資金は、銀行が融資する間接金融の形で供給していました。だから、政府は国民に銀行への預金を奨励し、そして銀行はその預金を株式会社に貸す。銀行は融資先の株式も保有する株主の立場も兼ねていたので、銀行が株主、債権者双方の立場から経営者の監視役を務めていたわけです。

八田　まさに、間接金融依存型の経営が蔓延しており、銀行が、融資先のガバナンスに対して主導権を握っていたということですよね。

牛島　しかし、バブル崩壊後に銀行の力が弱まり、株式の持ち合いも次第に解消に向かって、銀行に代わる監視役がいなくなってしまったわけです。八田さんにとっては、釈迦に説法の講釈ですみませんが…。

八田　いえいえ。確かに、日本の経営者の報酬が諸外国に比べて極端に低いのも、経営者が内部昇格で決まるからですよね。

牛島　「仲間がいるのに自分だけ多くもらえない」と言う経営者の方は少なくないですからね。人材の面でも、株主がその会社の従業員や銀行、旧財閥グループ企業、取引先など、仲間内になった影響は大きかったわけです。また、従業員に終身雇用を約束するようになったのも、持ち合い仕組みの結果、株主が形式的なものとなり、実はその会社の従業員や仲間内の企業となったからであり、新卒採用一辺倒になったのも終身雇用と一体で、一人ひとりの従業員の才能を見出し、引き出すことを会社の使命と位置づけたからに他なりません。だから、従業員の個のレベルの自意識は脆弱になってしまった。とはいえ、プラザ合意（１９８５年）まではそれでとてもうまく行っていたのです。

八田　やはり、プラザ合意が転換点ですよね。プラザ合意以前は、日本の経営者は「経営」をしていなかった。経営をしていなくても会社がうまく回っていたわけですからね。

牛島　私もそう思います。経営者というより仲間の代表者です。プラザ合意で、日本は安い円を追い風に輸出で稼ぐという道を閉ざされました。「作れば売れた時代」の終焉です。そこで日本人は〝次〟の安定した社会の仕組みを創造しなければいけなかったのに、それをしなかった。政治の責任は非常に大きいと思います。アメリカから内需拡大を迫られ、金融を緩和して行き場がなくなったカネがバブルを生んだ。それでもまだ銀行が監視役を務めていた間は良かったけれど、それも崩壊してしまって、誰も経営者を監視しなくなった結果、一部を除いて惰性で社長の交代が繰り返されてきたのが、この30年と言えるでしょう。

日本企業の改革に「モノ言う株主」の即効性

なぜ日本では「社外取締役」が機能しないのか

八田　八田　やはり、今日、経営の監視役として期待されるのは社外取締役でしょうね。

牛島　私もそう思います。社外取締役が真に独立性を持って経営を監視していたら、ＰＢＲ（株価純資産倍率）１倍以下の会社の社長が、自ら後継指名するなんてことはできなくなるはずです。繰り返しになりますが、会社の利益と株価は企業価値の代理変数です。ＰＢＲ１倍以下の会社の社長に、投資家が納得できる説明責任を全うできるわけがない。そんな人に後継指名なんかさせてはいけないのです。

八田　ただ、社長自身、最大の使命と思っているのが、自分の後継者を指名することだと考えている方がほとんどではないでしょうか。

牛島　もちろん例外はありますよ。日立製作所を生き返らせた川村隆さん（元社長・会長）を子会社から本社に呼び戻し、社長に据えたのは、２代前の社長で当時会長職にあった庄山悦彦さんです。庄山さんは4800億円もの赤字を出したトップでしたが、再生を託す人選は間違えなかった。でも、こういう人は極めて例外的です。

現実には社長が友だちのお歴々に電話して「今度、ウチの独立社外取締役のポストが空くからどう?」なんてことをやっている。それでは社長に都合がいい人ばかりになってしまう。経営の監視どころじゃありません。

八田　本当に、日本では社外取締役がなかなか機能しませんね。何か不祥事があると、会見に頭を下げに出て来るのは社長であって、社外取締役が責任を全うできなかったと言って出て来るということはまずありません。それどころか、「何も知らされていなかった」と言って怒ったり、「自分は関係ない」と言って実際に逃げてしまったり…。

牛島　日本の裁判制度が発展途上段階にあるという点が大きく影響しているように思います。「社外取締役には情報が上がらない」などというけれど、その社外取締役が積極的に会社の情報を取りに行っているのかどうか、甚だ疑問です。

八田　おそらく、ほとんどの社外取締役は、お客様扱いをされながら、会社から提供される限られた情報のみで納得しているのではないでしょうか。

牛島　不祥事が起きて、「社外取締役は何をしていたのか」と株主総会で質問しようとしても、指名してもらえなければ質問にすら立てない。だから、裁判所に訴えるわけですが、日本の裁判制度では、社外取締役が経営監視に必要な情報を得ていないことの責任を問えず、「知らなかった（から責任を負わない）」が通ってしまうのです。結果、社外取締役の「知っていなければいけない」に踏み込んだ追及ができません。だからこそ、メディア頼みになるのですが、私はメディアこそ社長の追及に示す関心の10分の1でも関心を示してほしいと強調しています。

八田　社外取締役の報酬についてはどうでしょうか？　きちんと働いてもらうには、それなりの報酬を払うべき、という声がある一方で、報酬が高いとかえって独立性を失うもとになる、という声もあります。会社法の第一人者である早稲田大学名誉教授の上村達男先生は「社外取の報酬が高いと、その報酬にその人の生活がかかってしまう」と言います。つまり、高額な報酬によって独立性を維持できないと。だから、生活に影響がない程度、言い換えれば、社長を怒らせて社外取締役の職を失っても生活していくうえで困らない程度の水準に抑えておくべきだという考えです。

牛島　それはどうでしょうかね。報酬の多寡の問題というよりは、ディシプリン（規律）の問題、つまり、きちんと責任を全うしないと世論と法で裁かれるからこそ、本来やるべき仕事をするというのが人間じゃないでしょうか…。少なくとも、社外取締役の存在が性善説を前提にしているようではダメでしょう。場合によっては、社長のクビに鈴を付けるような情報を取りに行かなければならないわけですから、性悪説に立つのが大前提ですし、どうしたらそんな情報が取れるのかを考えられることも必要です。この類の情報はいわゆる「内部統制」では取れないでしょう。

“真に独立”した社外取締役はどうしたら生まれるのか

八田　おっしゃるとおりです。内部統制は社長自身が握っているわけですから。残念ながら、日本の場合、社外取締役が本来期待されている役割を果たせるかどうかは、本人の矜持と覚悟だけが頼りというのが実態ですよね。日本には古来、監査役会制度という経営を監視する仕組みがありますが、どう評価されていますか。

牛島　私個人としては、監査役会制度は実はけっこう評価しています。監査役会は4、5人位の少人数であるうえ、内部の人と外部の人とで構成されていますから、内部の人のお陰で社内のことがわかることも多い。たとえば、「さっきの役員会での社長の発言はどういう意味なのか」と、社外監査役が社内監査役に聞く。そうすると、背景にある事情とか、社長の発言の真意を解説してもらえる。こういった協業です。

しかし、この監査役という存在、取締役会こそが監視機関であるとする欧米諸国の人にはまったく理解されないんですよね。とはいえ、日本では欧米諸国の制度だと思われている指名委員会等設置会社でコーポレートガバナンスを達成することは現状では難しいとも思います。

八田　私もそれはそう思いますね。日本の指名委員会等設置会社は後継社長の指名に関与する指名委員会を社外取締役に任せる仕組み。端的に言うと、社長から後継社長の指名権を奪ってしまうわけですから、これは世の社長としては絶対に許容できないでしょう。だからなのか、制度誕生から20年が経とうというのに、導入企業はいまだ100社に満たない状況です。それでは、監査等委員会設置会社についてはいかがですか。

牛島　監査役会設置会社では海外投資家に説明がつかないから、消去法で監査等委員会設置会社という意味でなら、評価します。私は社長が候補を立て、場合によって独立した社外取締役と妥当性を議論し合い〝綱引き〟することもあって良いと思うのです。そこで重要になるのは、もし社長が推薦する候補者を後継にするのであれば、社長が名実ともに社外取締役を納得させることです。

八田　そういう気骨ある社外取締役はどうすれば見つけられますか。

牛島　社長に社外取締役を選ばせたらダメで、まずは社外取締役は社外取締役に選ばせることだと思います。これを2、3代繰り返したら真に独立した社外取締役に入れ替わると思います。

八田　なるほど。ただ、それだと結構時間がかかりますね。

牛島　おっしゃる通りです。だからこそ、私は即効性がある施策として、アクティビスト（モノ言う株主）の力で機関投資家を動かすべきだと考えているのです。

アクティビストと機関投資家の〝幸福な同棲〟が日本を変える

牛島　経営者にとって機関投資家が無視できない存在であることは言うまでもありません。会社に雇用されていた者にとって、退職後の年金は非常に重要な生活の糧です。そして、その年金を運用している機関投資家は、株価に大きな影響力を持っています。近年のアクティビストは、かつてのような内部留保をすべて吐き出せといった無茶な要求はしなくなっています。

八田　それは私も実感しています。

牛島　彼らは会社を徹底的に分析できるだけの資金力を持ち、その豊富な資金を投入して長期的利益の実現という観点に立脚したガバナンス改善などの具体的な提案を経営者に対して行っています。その提案内容はパッシブな機関投資家を含めた、多くの株主の賛同を得られるものに練り上げられていて、それらを公表したり、場合によっては業界事情に精通したビジネスパーソンを独立社外取締役として推薦したりもします。

八田　短期的な利益を追求するモノ言う株主ということで、嫌われていたアクティビストですが、最近のアクティビストは、持続可能で企業価値を高めるための施策を提言してきており、会社に対しても受け入れるべき提言等が盛られていますからね。

牛島　機関投資家側としては、アクティビストの提案内容が自らの利益に合致するとなったら、その提案に賛同せざるを得ません。近年は機関投資家自身が議決権行使内容の開示を、自らの背後にいる年金受給者という受益者から求められていますからね。私はこれを「アクティビストと機関投資家の幸福な同棲」と表現していて、この動きはアメリカから始まった動きですが、日本でもここ数年顕著になっています。

八田　「アクティビストと機関投資家の幸福な同棲」は、適格性を欠く経営者をクビにするときだけでなく、優秀な経営者に衰えが見え始めた場合に引退を迫る場合にも機能しそうですね。どんなに優秀な人でも何年も経営トップをやっていたら綻びが出て来る。私は最長10年が限界で、概ね6~7年くらいで社長を退くというのが社会のコンセンサスのような気がしています。

牛島　私もそう思いますね。それは良い慣習だとおもっています。ただ、その際に解決しないといけないのは、やはり、報酬の問題じゃないでしょうか。

八田　おっしゃるとおりだと思いますね。社長を辞めても会長で残り、会長を辞めても相談役や最高顧問で居残る。見方を変えれば、その間の報酬も含めて〝生涯賃金〟としての帳尻を合わせているんですよね。

牛島　報酬もそうだし、完全に会社を去るとなったら車も部屋、秘書もいなくなるわけですからね。

八田　最後に牛島さんの今後の抱負をお聞かせください。次はどんなものを書きたいとお考えですか。

牛島　戦後の日本を題材にして、敗戦、ＧＨＱによる財閥解体、戦後復興、高度成長、石油ショック、プラザ合意、バブル、バブル崩壊という流れを辿ったうえで、これからの日本はどうなるのか、次の世代に向けてどういう解決策を提案できるのかといったものをテーマに書きたいと思っています。このままでは「失われた30年」どころか「失われた40年」になってしまいます。何とか次世代にツケを回さない解決策をと思っています。また八田さんのお知恵を拝借させてください。

八田　とんでもない（笑）。大変刺激的なお話を伺うことができました。ありがとうございました。

牛島　信氏との対談を終えて

『株主総会』『社外取締役』そして『少数株主』といった、企業法律小説を発表してきている小説家としての牛島信氏の表の顔は、企業法務に長けた現役バリバリの著名な弁護士である。

もともと一読者として牛島氏の小説に接していたのであるが、ある時、監査法人主催の講演会で講師をしたときに、第一番に難しい質問をされたのが牛島氏であり、互いに、「よく知っています」と挨拶を交わしたのである。それは、二人ともコーポレートガバナンスに関して多くの意見発信をしてきていたことから、初めての出会いとは思えないほどに、親近感を抱いたからであろうと思っている。

牛島氏は、「会社は何のためにあるか」といった問いに対するキーワードは、「雇用」であると喝破される。つまり、「雇用があるから、人々は生活の糧を得て幸せに暮らせる。そのためにこそ会社は存在するのだ」というのである。そのためにも、安定した雇用の確保と社会全体の幸福を増大させるための仕組みである株式会社制度の成長を促すものが「コーポレートガバナンス」というのである。

こうしたガバナンスの成否を決するのは、強いリーダーシップを持った経営者であり、加えて、そうしたリーダーシップを持った経営者を選任するためにも、独立した社外取締役の役割が極めて大きいと指摘するのである。まさに、牛島氏の主張するガバナンス論は、「リーダーシップ至上主義」と解される由縁である。

牛島氏の小説家としての構想は、戦後の日本が歩んできた道、それは、ＧＨＱに始まり、戦後復興、高度成長、石油ショック、プラザ合意後のバブル崩壊等、失われた30年ないし40年の実態を後世に語り継ぐための小説を執筆することだと宣言された。

（2023年4月記）

佐藤隆文

不祥事への〝免疫力〟増強がガバナンスの実効性を高める

2007年から金融庁長官、2013年から東京証券取引所自主規制法人（現日本取引所自主規制法人）理事長を歴任した佐藤隆文氏。

金融規制にルール・ベースの監督とプリンシプル（原理・原則）ベースの監督を組み合わせた「ベター・レギュレーション」の考え方を導入。日本取引所グループ在職中にエクイティ・ファイナンスのプリンシプルと２つの不祥事関連プリンシプルを創設するなど、わが国のコーポレートガバナンスにおける制度設計の一角を主導した人物である。

そんな佐藤氏が語るコーポレートガバナンス論とは—。

profile

佐藤　隆文◆さとう・たかふみ

（特定非営利活動法人）証券・金融商品あっせん相談センター理事長。元金融庁長官、元日本取引所自主規制法人理事長

1950年生まれ。1973年大蔵省入省。主計局主計官、銀行局総務課長などを経て、1998年金融監督庁長官官房総務課長。1999年名古屋大学教授。2001年金融庁総務企画局審議官、2002年検査局長、2004年監督局長、2007年金融庁長官（2009年退官）。

2010年一橋大学教授。2013～2019年日本取引所自主規制法人（2014年まで東京証券取引所自主規制法人）理事長。2014～2020年IFRS Foundation（国際財務報告基準財団）トラスティ（2018年～同副議長）。

1973年一橋大学経済学部卒業、1977年オックスフォード大学大学院修士課程修了（M.Phil.）、2002年名古屋大学博士（経済学）。

著書に『バーゼル2と銀行監督―新しい自己資本比率規制』（編著）、『金融行政の座標軸―平時と有事を超えて』、『資本市場とプリンシプル』などがある。

東証プライム上場企業すべてが「プライム」なのか

1800社がひしめく「東証プライム市場」のあるべき姿とは

八田　資本市場に精通され、この10年余りの間に日本の企業、社会にコーポレートガバナンスが定着していくうえで多大な貢献をされた佐藤隆文さんをお迎えして、最新のガバナンス議論に影響ないしは知見を与えられるような議論ができればと思っています。

佐藤　こちらこそ、よろしくお願いします。

八田　まずはここ数年の中で最も大きな動きと言っていいのが、東京証券取引所による市場区分の変更だと思うのですが、佐藤さんはどのような感想を持っておられますか。

佐藤　私は日本取引所グループにおいて、東京証券取引所及び大阪取引所の上場審査・上場管理・売買審査・考査を担う自主規制法人の責任者を仰せつかっていましたが、2019年6月にその理事長を退任してから、すでに4年が経ちました。最新の状況を把握していませんし、不勉強でもあるので（苦笑）、時間的にも地理的にも少し距離を置いた立場からでよろしければ、お話させていただきます。

八田　ご謙遜と思いますが、ぜひともお願いします（笑）

佐藤　私は取引所市場のあり方については、上場会社が自ら、企業価値の向上に向けた努力を懸命に行い互いに競い合うよう促される設計が望ましいと思っています。言い替えると、企業価値の向上に向けた努力を真摯に実践するインセンティブが働くような制度設計です。2022年4月に新たに誕生したプライム市場は、本来の意図としては、いわば上場会社としてこうあってほしいという姿に合致する企業が身を置く市場として、設計されたのだと思います。

八田　佐藤さんが考える「上場会社としてこうあってほしいという姿」とは？

佐藤　たとえばコーポレートガバナンス、収益力、先見性などの面で優れていることは必須ですが、これらに加えて、サステナビリティについても、人間社会に対する貢献、地球環境に対する貢献もしている、といったところでしょうか。そういった、さまざまな面で本当に優れていて、かつ、世界的にも評価をされるような企業。もちろん、そういう会社は数が少ないでしょうから、結果として少数精鋭の会社が上場している市場。それがプライム市場の本来の姿だと思っています。だからこそ、スタンダード市場に身を置いている企業の目標になり得る。そういうものであってほしいですね。

八田　おっしゃるとおりですね。ただ、現実にはどうでしょう？

佐藤　本来のあるべき姿と現実とを比較すると、現在は約1800社がプライム市場に上場していますが、そのすべてが本当に「プライム（＝第一級）」の名に値する会社だと思っている投資家はほとんどいないでしょう。

八田　私も、まったく同意です。そもそも、1800社というのは数の上でも多すぎます。

佐藤　おっしゃる通りです。機関投資家は「スチュワードシップ・コード」を尊重して、上場企業との間で、企業価値向上に向けた「建設的な対話」を持つことを求められている。しかし、プライム市場に1800社もあったら、投資先企業の選定も手間がかかり、そのすべてと面談して建設的な対話をするのは容易でないでしょう。

八田　いやもう、佐藤さんにそうおっしゃっていただけると溜飲が下がります（苦笑）。実際、流通株式時価総額をはじめとして、達成しなければならない上場基準がそれなりに用意されているのに、それを満たしていない会社に「いつまでに満たせばいい」というような猶予期間を与える市場運用をしてしまっている。だから、蓋を開けてみたら結局、かつての東証一部上場と中身はほぼ同じで、看板を付け替えただけになってしまったわけです。これは、明らかに制度設計が間違っていたということになりませんか。

佐藤　まあ、そういう見方をされる識者の方は多いですね。

八田　東証はプライム市場の基準を満たさない会社でも、達成すればプライムに残れる猶予期間を設けました。しかも、当初は猶予期限も示さなかったわけですが、２０２６年3月までの猶予期限を示した途端、雪崩を打つようにプライムからスタンダードに鞍替えする企業が出始めました。東証は高邁な理想があって市場区分を見直したのだろうとは理解するものの、もっと徹底的に厳しい基準、厳しい運用で当たるべきだったのではないかと思うのですが、いかがでしょうか。

佐藤　こういう結果になってから〝後出しじゃんけん〟のように「それ見たことか」などと批判するのは、私の性分に合わないので、今ある制度設計に足りない部分や弱点が見つかったらこれらを勇気をもって変えていくことが大切、といったところでしょうか。

八田　とすると、いの一番に改革しなければならない点というと何でしょうか。

佐藤　コーポレートガバナンス、収益力、先見性、あるいはサステナビリティなどについて、何か具体的な基準を作って評価する枠組みを作るというのはどうでしょうか。時価総額とかＲＯＥ（自己資本利益率）など、定量的な基準を現行よりも厳しくするということもよく議論になりますが、もう少し定性的な面を強調して、プライム市場は本当に質の高い企業のマーケットであると、誰もが認識するようにする…こういうことではないかと。コーポレートガバナンス報告書での開示を通じて、この点についての動機づけはある程度なされているとも言えますが、これを市場区分の妥当性と有機的に結び付けていくのも一案かもしれませんね。

八田　なるほど、中長期的な経営戦略という視点にも合致しているでしょうね。

佐藤　評価の基準ができると、おのずと選別が進みます。それも、その基準を当局などが作って、「これをクリアできなかったから降格もしくは上場廃止」というような形ではなく、発行体企業側の当事者が問題意識をしっかり持てるような形が望ましいと思いますね。

（追記）

本対談（2023年4月）の後、東証による市場再選択の働きかけなどもあって、百数十社の上場会社がプライム市場からスタンダード市場へ移行している。

金融庁長官時代に打ち出した「ベターレギュレーション」の精神

八田　そうですね。上場会社として自律的で、その会社が目指したい目標に向かって最高のパフォーマンスを発揮するということは、まさに、社会の公器たる上場会社の使命です。その会社の質は自助努力によって高められていくことが理想だと私も思います。ただ、残念ながら現在の状況は、当局が何かを打ち出すと、不承不承でも従わざるを得ないと捉え、そこに自主性が感じられない状況になってしまっているのではないでしょうか。

佐藤　そこは、当局による理念の提示と、規制を受ける民間の側の主体性の双方が組み合わさってこそ世の中は前に進んでいく、というのが私の信念です。当局による規制だけでも、民間の自主性だけでもダメで、双方の力がうまく組み合わさることで本来の目標が実現していくのではないかと。規制を設計する側の仕事をしてきた私の立場から申し上げると、当局が企業に対し、どういうインセンティブを持ってほしいと考えているのか、その規制の趣旨はどういうところにあるのか、といったことを理解し受け止めていただいて、民間企業として自主的に創意工夫を凝らしてほしい。こう思うわけです。

八田　まさに佐藤さんが２００７年に金融庁長官就任と同時に打ち出した「ベター・レギュレーション」の精神ですね。

佐藤　そうです。１９９０年代後半に顕在化した我が国の金融危機の後始末に一応の目途が立ち、金融庁として金融規制の質的な向上を図らなければいけないフェーズになった時期です。①金融システムの安定・信用秩序の維持、②利用者保護・利用者利便の向上、そして③市場の透明性・公平性の確保、という3つの行政目的を実現するという金融当局としての使命はいつの時代も変わりません。しかし、それをどういう手法で実現していくかは、時代に適合させる必要があると考えました。そこで導入したのが、ベター・レギュレーションというイニシアティブでした。ルール・ベースの監督とプリンシプル（原理・原則）ベースの監督を最適に組み合わせる、というのはその柱のひとつです。

向上した日本企業「コーポレートガバナンス」の光と影

「コーポレートガバナンス報告書」は〝作って終わり〟ではない

八田　「ベターレギュレーション」とは、法律に書き込んで規制するルール・ベースと、ガイドラインや指針など法的な強制力がないソフトローに基づくプリンシプル・ベースの組み合わせですね。法律で規制すれば違反することは許されませんし、多くの場合、罰則もある。一方、ソフトローは、遵守する義務は発生しないけれど、あるべき姿が示されるわけですから、企業が趣旨を理解して咀嚼し達成のための努力をする時間的な余裕もあります。「箸の上げ下げまで指導する」と言われたかつての大蔵省の行政スタイル下では、民間企業側は当局の言うことを聞いていればいいという考えになり、主体性を持つインセンティブはありませんでしたからね。

佐藤　もちろん、企業の自主性を尊重するわけですから、経営者の資質に大きく左右されることは否定できず、結果も企業ごとに大きく変わってきます。しかし、プリンシプル・ベースの仕組みが機能する事業体がちゃんと存在することも事実なのです。その一方で、法律で規制しないと日本企業は動かない、という意見も耳にするわけで、そもそも規範意識の乏しいところには規律ある活動も生まれませんから、ある程度ルールによる方向づけは必要となりますね。

八田　プリンシプル・ベースが入ったことで最も変わった点として挙げられるのは、上場会社のディスクロージャー（情報公開）の劇的な増加ではないでしょうか。

佐藤　プリンシプル・ベースの基本は、企業側が「説明責任」を果たすということです。ソフトローが示した方向性に沿って努力する（コンプライする）にせよ、異なる施策をとるにせよ、いずれにしても責任をもって説明をすることが重要という点は強調しました。その結果が、ディスクロージャーの劇的な増加という形で現れたのかもしれませんね。

八田　とすると、日本企業のガバナンスの現在地を佐藤さんはどう評価されていますか。

佐藤　10年前、20年前に比べれば、日本の上場会社のコーポレートガバナンスというコンセプトへの理解はずいぶん進んだと思います。少なくとも、最低限のガバナンス体制を作らなければいけないという意識は広く定着したのではないでしょうか。ディスクロージャーを増やせば、その開示情報に投資家が反応する。さらに、責任ある投資家の反応に上場会社は答えを出さなければいけなくなりますから、そこに好循環が生まれます。

八田　佐藤さんは東証の自主規制法人の理事長時代、２０１４年に「エクイティ・ファイナンスのプリンシプル」、2016年に「上場会社における不祥事対応のプリンシプル」、2018年に「上場会社における不祥事予防のプリンシプル」と、3つのソフトローを誕生させています。またこの間、2015年には「コーポレートガバナンス・コード」が、金融庁と東証によって策定されました。このコーポレートガバナンス・コードは、「コーポレートガバナンス報告書」の東証への報告という枠組みが組み入れられたこともあり、上場会社の開示姿勢に大きく影響を与えました。誕生から8年が経過しましたが、現時点ではどう評価されていますか。

佐藤　広く捉えれば、ルール・ベースとプリンシプル・ベースを組み合わせる仕組みは、ある程度は機能していると思っています。ただ、プリンシプルであるはずのコーポレートガバナンス・コードはその後の改訂を重ねた結果、一部がルールに近くなってしまっているという印象もありますね。

八田　たとえば、社外取締役の比率とかですね？

佐藤　そうです。そういうものは実質においてほとんどルールのようになっているのではないでしょうか。プリンシプルではなく。ルールになると、経営者はルールを守るほうに意識が向いてしまいます。たとえば、コーポレートガバナンス報告書です。自らの頭で真剣に考え、真剣勝負で市場と投資家に向き合い、その結果を説明するというのが本来の趣旨ですが、とにかく形を整えて提出することが第一義になってしまっていないでしょうか。

本来の趣旨からすると、コーポレートガバナンス報告書は経営者が自ら筆をとってほしいわけですが、担当者に丸投げする、コンサルタントに作文させる、業者が提供するテンプレートを使う、そういったことが結構、一般化しているような印象も受けますね。残念なことですが。もちろん、私は上場会社が提出している個々のコーポレートガバナンス報告書に目を通しているわけではありませんから、あくまで私の印象ですがね。

何のための「取締役スキルマトリックス」なのか

八田　このような企業の惰性をどうすれば良いでしょうか。

佐藤　そうですねえ…。美辞麗句が並んで見た目は美しいけれど、内容は乏しい。そうなってはいないか、既往年度に自社が提出したコーポレートガバナンス報告書を会社自身が振り返って検証し評価し直してみる、といったことをやってみてはいかがでしょうか。

八田　全面的に賛成です。書きっぱなし、言いっぱなし、見せっぱなしが横行しているように思いますから。後から振り返ったら会社の実態とまったく合っていない、掲げた高邁な理想は何も実現していない。そうなったら経営者自身が恥ずかしいでしょうし、恥ずべきです。ですから、「わが社のガバナンスは今どうなっていて、それをこうします」と打ち出したら、当然、フォローアップする必要があります。もし結果がまったく伴っていなかったとか、そもそも「こうします」がウソで、端から実現する気はなかったということが判明したら、何らかの形でのサンクション（制裁）が必要ではありませんか。

佐藤　私もサンクションはある程度はあったほうが良いとは思いますが、サンクションとして最も機能するのはやはり市場の評価だと思うんですよ。いい加減なことを書き込んでおいて後は〝知らん顔〟という姿勢であれば、当然、市場の評価は下がります。それで株価が下がって、それが資金調達力や社会的信用の低下を招き、営業成績にも影響を及ぼす。そういう流れが本来は期待されるはずですよね。

ただ、コーポレートガバナンス報告書はプリンシプル・ベースなので、書かれている内容も基本的には、定性的です。財務報告であれば、定量情報ですから、重大な部分で虚偽を含んでいることの証明もできる建付けです。だから、法令に基づいて厳しいサンクションを下すこともできるわけですが、定性的なものはそうもいきません。やはり、コーポレートガバナンス報告書について、どういう仕組みを作るかは、識者の方々が知恵を出し合って考えていただく必要があるように思います。

八田　確かに、おっしゃるとおりなんですよね。内部統制の有効性の評価も、実は基本的要素の中に「統制環境」という考え方があって、トップの倫理観とか哲学とか、経営方針とか、そういうものを評価しようとすると、定量的な指標がありません。実際のところ、内部統制が有効に機能しているかどうかを判断する場合、それが机上で作り上げられたものなのか、企業の現場で議論を重ねた結果の集大成であるかどうかで、行間からにじみ出てくる雰囲気からわかるものです。

ところが、いざ制裁の対象とするには、結局のところ、定量的で明確な基準が必要になってしまう。このあたりは堂々巡りですね。とはいえ、定性面は非常に重要なことに変わりはありません。たとえばですが、近年、株主総会の招集通知に取締役候補者の「スキルマトリックス」を載せていますよね。それが結構いい加減だったりするんです。

佐藤 スキルマトリックスで言うならば、たとえば社外取締役の選任議案の説明には、単にマトリックス表にマルを付けるというだけでなく、その人が持つ専門性、意欲、見識、志（こころざし）を説明したうえで、そういう資質を持った取締役の方々が議論し合うことで化学反応が起き、こういう結果が出るんだというところまで説明できることが理想かもしれません。2～3年経った時点で、取締役のスキルの組合わせによって取締役会がどうポジティブな成果をもたらしたのかも説明できれば説得力が高いのでしょうね。言うは易く行うは難し、かもしれませんが。

八田 たとえば、弁護士や公認会計士。いずれも法律にせよ会計にせよ、得意な分野があるわけですし、意欲、能力の上でも個人差が大きいわけですから、肩書から想像できるざっくりした項目にマルを書いて終わりではないはずです。そもそも、社外取締役のオプションとして弁護士や会計士、さらには元官僚や学者を入れておけばOKというような風潮がありますが、取締役のミッションって、そのような専門性ではないと私は思っています。

佐藤　取締役の使命は経営の監督ですからね。

八田　そのとおりです。仮に専門家を必要としているのであれば、必要な分野の専門家については、別途、顧問やアドバイザーなどの形で雇えば済むと思うんですよ。

佐藤　一理ありますね。私は執行側と監督側、その双方に専門家がいるということは悪いことではないと思っています。もちろん、取締役側にいる専門家は経営の監督役だという前提で、です。

不祥事発覚こそ「ガバナンス改善」のチャンス

金融機関は事業会社の「ガバナンス」の監視役を果たせるか

八田　ところで、事業会社に融資する立場の銀行は経営の監視・監督役を務めていると思われますか。

佐藤　いや、今はもはやそういう位置づけではないのではないでしょうか。銀行が融資先企業の業務執行に対し（良い意味でも悪い意味でも）強い監視機能を持っていたのは、せいぜい1980年代半ば頃、バブル経済の直前くらいまでだと思います。私はもう金融庁を離れて14年経っていますので、今の実態を知りません。その前提でのお話ですが、他方で、金融機関が事業会社のコーポレートガバナンスに好影響を与えるルートが完全に消滅しているかと言われれば、それはまだ残っていると思います。ただ、今の金融機関は自分のことで精一杯のようにも見えますね。

もちろん金融機関は、融資先企業に対しては債権者という立場でモノを言える存在ではあります。債権が約定にそって回収され、資金提供サービスを継続できることが金融機関にとっても望ましいわけですから、融資先のコーポレートガバナンスがしっかりしているということは金融機関側にとっても望ましいことです。とはいえ、大企業と中堅・中小企業に分けて考えると、大企業は内部留保がたっぷりあって銀行の融資に依存しなくても事業は成り立つ。したがって現在は、決済サービス、そしてプロジェクトファイナンスやM＆Aなどのディールといった面を中心に、大企業は銀行と関係を持つにとどまっている。したがって、銀行が大企業に対して経営への監視・監督機能を発揮できる状況にあるかというと、それは疑問で、個別の状況、個別の力関係による部分が大きいのでしょう。他方、中堅・中小企業は今も銀行とは融資でつながっている。ですから、中堅中小企業について言えば、銀行からコーポレートガバナンスの面でポジティブな影響を受ける、もしくは受けているという可能性は排除したくないと思っています。

八田　これも確か、佐藤さんが金融庁長官だったところに打ち出された方針だったと思いますが、地銀や信金、信組などの地域金融機関に、リレーションシップバンキング（通称「リレバン」）の推奨をなさっていますね。

佐藤　リレバンの奨励は２００３年頃からなので、私が金融庁長官になる数年前からです。単純にお金だけ貸して金利を取るという関係ではなく、本当に融資先のことを考えて、この企業はこういう分野で高い専門性を持っている、高い技術を持っている、ということがあるのなら、そうした特長を見抜いて、その当該企業に取引先を紹介するといった、ビジネス・マッチングの機能を発揮する道はあるでしょう。上手く整理すれば、銀行は情報の宝庫なのですから。こういった趣旨は、金融庁として銀行との対話の中で頻繁に話題にし、それを実践してもらうための枠組みも考えました。リレバンが上手く進めば、融資の不良債権化も防げるわけです。この方針は今も変わっていないと思います。融資先企業のことを本当に真剣に考え、その企業の業績や企業価値の向上に貢献したいと考えているバンカーがいれば素晴らしいことだと思いますし、そういうバンカーには銀行自体も組織としてしっかりと光を当てて高く評価してほしい。それは昇進昇格、報酬の面でも評価する仕組みを金融機関の中にしっかり入れ込むことが大切かと思います。

八田　実際のところはどうでしょう。

佐藤　金融庁を離れて14年ですし、この目で金融機関の現場を見ているわけでもありませんので、お答えできません。この間、超緩和の金融政策が続き、金利が極端に低くて、預金受入と貸出を中心としている金融機関にとっては、利ザヤが取れず逆風が吹き続けたのは事実でしょう。如何せん、今の金融機関は自分のところの経営だけで精一杯というところが少なからずある。現実としてどうかというと、金融機関ごとに事情は相当異なるのではないでしょうか。

「不祥事を繰り返す企業」と「繰り返さない企業」の違い

佐藤　少し話が戻りますが、コーポレートガバナンスの現在地ということに関して、ぜひとも付け加えておきたいのが、企業不正・不祥事の問題です。不祥事はなかなかなくなりません。現実問題として、コーポレートガバナンスの実態や本当の評価が浮き彫りになるのは、残念ながら、不祥事が起きたときです。逆説的ですが、不祥事が起きて、それが外部にも明らかになると、そこでようやく社外からその会社の真価を評価することが可能になるという面があります。だからこそ、不祥事が表面化したときは、根本的原因の究明に基づく真の改善・改革を行う好機なので、徹底的に問題を洗い出して、コーポレートガバナンスの改善に結び付ける。それが重要なんだと思います。

八田　まさにそのとおりですね。その会社にとってのアキレス腱、弱みといったものを自覚して改善に活かす。失敗から学び、それをバネにすることが重要なわけですが、不祥事を繰り返す企業も少なくありません。

佐藤　不祥事が顕在化したときに、きちんと原因の究明をせず、場当たり的な個別事案のみの表面的な因果関係だけを整理して、原因究明を果たしたと思い込む。そういう会社だと、不祥事は繰り返されます。ですから、真の原因、通底する根本原因を特定し、その根本原因に焦点を当てた再発防止策を作る。しかも、防止策を作るだけではダメで、繰り返し繰り返し、日常の業務執行の中で実践していく。その積み重ねをした会社だけが、持続的な形で不祥事の再発を防げるのだと思います。

八田　組織というのは部署が違えども、共通したＤＮＡを持っていますから、どこか１つの部署で起きたことは他の部署でも起きる可能性があるわけです。でも、ある部署で不祥事が起きても、「その部署だけの固有の問題だった」という分析をしてしまうと、他の部署でまた同じようなことが起きる。

佐藤　ここで難しいのは、ある会社で不祥事が顕在化していないことは、不祥事が発覚していないだけなのか、つまり、隠蔽されているのか、あるいは、不祥事の芽をごく小さいうちに摘んでいる成果なのか、区別がつきにくいという点です。どちらも表面上は、不祥事が発生していないように見える。そもそも、不祥事が発覚していないだけの会社と、不祥事を小さな芽のうちに摘んでいる会社の割合なんてものの統計は、世の中には存在しないですからね。

八田　その意味では、最近の議論として「昔は不祥事はなかったのか・少なかったのか？」という問い掛けもありますね。実際には昔も今と同様に不祥事は起きていたけれど、表面化する機会が増えたのは、コンプライアンスやコーポレートガバナンスという考え方が、多くの企業において従業員レベルまで浸透してきたからではないか、というわけです。以前なら、見て見ぬふりをする、聞いても聞かないふりをすることができたけれど、近年は発覚したときのリスクを考えると、それが怖くてできないという心理が働くようになったと。

実際に、内部通報窓口やホットラインの設置も求められています。公益通報者保護法もありますし、それを遵守していない会社であったとしても、社員や関係者によるＳＮＳなどによる情報発信を止めることは現実的に不可能になっている。また、従来にも増してマスコミも不祥事に関する取材を強化している面もある。そういう意味では、企業における不祥事の発覚は、コーポレートガバナンスが機能していることの証左とも言えるのではないですか。

佐藤　確かにそう側面はあるでしょうね。会社の中の情報共有の仕組みとか、人事政策を含めた社内の回し方も進化してきていると思います。ちなみに、セクシャル・ハラスメントやパワー・ハラスメントも、20年、30年前の基準で捉えていたら大きく誤りますし、深刻な不祥事に発展する可能性も否定できない。いずれにせよ、感度の良い経営者が主導する会社は差が出てくるのでしょうね。

会社と経営者に求められる〝4つの力〟とインテグリティ

多様化する「ガバナンス不全」と「企業不祥事」

八田　ところで、ひと口に「ガバナンス」というと、かつては上場会社の問題として議論されていましたが、近年は非営利組織、公益法人、学校法人、地方公共団体など、ありとあらゆる組織の問題として議論されるようになりました。不祥事の定義も多様化しています。犯罪行為や法令違反だけでなく、社会的ないし倫理的に批判を浴びるような行為も今や不祥事の範疇です。

佐藤　本当にそうですね。上場会社だけで見ても、現象面から見た類型、その原因やメカニズム、事後検証の方法など、いずれも非常に多様化していると感じます。

たとえば現象面から分類してみると、検査偽装や検査データの改竄、製品の性能偽装、欠陥製品の出荷とか、横浜の傾斜マンション問題（2015年10月）や北海道・札幌のビルでの鉄骨の精度不良問題（2023年3月）も含めて、広い意味での製造現場で起こる不祥事が一つ。

粉飾決算や不正会計、代金の水増し請求、不正な資金の授受、横領、会社経費の私的流用といったお金まわりの不祥事が二つめ。三つめに、社会ルール違反の範疇では、競争入札における談合、優越的地位の濫用、著作権侵害、個人情報の流出、反社会的勢力対応のぬるさ、劣悪な労働環境の放置や海外子会社の管理不行き届き、などがある。この他、インサイダー取引や相場操縦は、市場ルール違反とお金まわりの不正が重なります。

多種多様な形態の不祥事が起きるのは、さまざまな要素が複雑に絡み合ってのことではあるのですが、ガバナンスの構造に着目してみると、ざっくり言って、内部統制の欠落、資質に欠けるのに強大な権力を持つトップの存在、それゆえに生まれる取り巻きのイエスマンたちの跋扈、あるいは強大な権力者はいない代わりに、現場重視という美名のもとに経営層が経営管理能力を発揮することを放棄していたり、現場の各部署の主張を調整する統轄機能がなかったりと…さまざまなパターンがありますね。

八田　ご指摘のような多種多様な不祥事や会社ぐるみの不祥事がある一方で、経営者がまったく事態を把握していなかったというケースもよくありますね。

佐藤　そのあたりは経営者と現場との間の認識のズレ、価値観のズレという括りで整理できると思いますね。一番恥ずかしいのは、経営者自身が自分の会社の事業実態をよくわかっていないというケースです。現場の実態が経営陣に伝わらず情報の目詰まりが起きているのに、社長は上手く行っていると思い込んでいる事例が見受けられます。また、近年のビジネスでは、委託・受託、元請け・下請け、アウトソーシングといった重層的な責任移転と契約関係で事業が成り立っている事業運営が増えています。この場合、経営中枢がその実態を把握できていないと、それぞれのプレーヤーが責任範囲を自分の直接の契約関係までにとどめ安易に限定してしまう。結果として最終顧客への配慮に思いが至らない、サプライチェーンの一角で起きた問題を「他人事」と位置づけてしまうというパターンがあるでしょう。

八田　〝結論ありき〟で起こる不祥事もありますね。

佐藤　おっしゃるとおりです。実現したい結果を先に決めて目の前にある事実を軽視するのですから、発想が完全に転倒してしまっている。製造業で相次いだ検査偽装・データ改竄もそうですし、経営層が主導する粉飾決算などもその典型です。

八田　製品の納期順守のために検査データを改竄するというのも、転倒した発想の最たるものですね。

佐藤　その点で言うと、不祥事企業においては「優先順位の取り違え」という共通要因も頻繁に見受けられますよね。目の前のディールを実現したいから必要なリーガルチェックや品質検査を省くなんていうのは、その例ですね。もっとも、リーガルチェックや品質検査の手続きを踏みつつも形式だけでいい加減にやっていると、不可侵のボーダーラインを無自覚なうちに超えてしまうということが起きます。

八田　受注最優先で談合をしたり、反社に毅然とした対応をしないで済ませようとしたりするのもそうですね。経営者の説明責任からの逃避というのもあるでしょう。

佐藤　不祥事を、ひとつ別の次元から見ると、アカウンタビリティ（説明責任）の欠落、という特徴で共通しているような気がします。経営者に分析能力、実態把握能力、説明能力がないために、対外向けの説明から逃れようとして、結果的に不正や隠蔽を重ねてしまう。説明責任を意識した緊張感ある業務運営からの乖離ですね。同時に、会社を構成する従業員レベルでも、事なかれ主義と保身のために見て見ぬふりをするという誘惑が働くケースはなお多いでしょう。会社の中で命じられた自分の仕事だけこなしていればいい、平穏な日常が最優先だ、という意識が蔓延してしまうと、内部通報制度ができていても実効的に機能することは難しくなるでしょう。

一部の不適格企業のために日本市場の信頼を損ねてはならない

八田　繰り返しになりますが、こういったさまざまな課題に対応するため、佐藤さんが東証の市場規制部門のトップを務めておられた時代に、エクイティ・ファイナンス、不祥事対応、不祥事予防の合計3つのプリンシプルが誕生しています。どういった経緯だったのでしょうか。

佐藤　不祥事が生成される誘因はどんな組織にも常に存在しますから、不祥事をゼロにすることは不可能だということを、経営者は強く自覚することが第一歩です。問題は生成される不祥事を早い段階で発見して、その芽を摘み取れるかどうかです。免疫力を鍛える、それを常時活性化しておく、謂わば、がん細胞に立ち向かうようなイメージですね。プリンシプルを作ったきっかけは、時系列的に、その少し前に東証上場会社の間で不祥事が頻発したからです。

また、不祥事を起こした会社によくあるケースとして、経営トップに信頼性や一貫性がなく、経営者としての顔も見えないというパターンがありました。また、そういう経営者はしばしば、自分に好意的な「専門家」を集めて名ばかりの第三者委員会を設置し、自分には重い責任がなかったというような結論の報告書を書かせる。それで禊(みそぎ)が済んだような顔をする。不祥事が発生した根本原因に迫ろうとしないわけです。そして、そういう会社はしばらくすると、また同じ過ちを犯す。こういったことを含め、色々な不祥事が業種横断的に頻発したので、不祥事が起きたら根本的な原因究明を行い、それに即した再発防止策を策定・実行し、企業価値の再生修復に速やかに取り組んでください、というメッセージと実務の指針を発信するために2016年2月に『不祥事対応のプリンシプル』を策定しました。

八田　上場会社がそんな状態では株式市場そのものの信頼に関わりますよね。

佐藤　おっしゃるとおりです。一部の不適格企業のために日本の資本市場全体が世界から信頼を失う、といった事態は回避しなければなりません。そういった危機感があって、不祥事が起きにくい、起きても深刻なものにならないための仕組みを全上場会社にビルトインしてもらいたい。そういう思いでしたね。実際には、先に述べた『対応プリンシプル』策定後も企業不祥事は頻繁に顕在化したため、今度は予防に重点を置いた『不祥事予防のプリンシプル』を2018年3月に策定しました。

また、ルール・ベースにせず、プリンシプル・ベースの形にしたのは、ルール・ベースでは成し得ない、根本的な価値観や規範を広く浸透させたいと考えたからです。だからと言って、ルール・ベースを軽んじているわけではなく、ルールとプリンシプルが相互補完的に働き施策の実効性を高めることを狙ったということです。

八田　私はプリンシプル・ベースというのは日本人のメンタリティにすごく合っていると常々思っています。多民族国家、特にアメリカではそれぞれ価値観がまったく異なる人たちの集合体であるだけに、微に入り細に入りルール化しないと混乱すると思います。一方、日本はルール・ベースだと、逆に思考停止に陥ってしまうということを経験済みです。

佐藤　日本の社会には近江商人の「三方良し」の考え方であるとか、「(悪いことをすると) お天道様が見ている」とか、「惻隠の情」といった概念が深く根を下ろしています。ですから、法律で許される、許されないという世界とは別に、望ましい姿、あるべき姿に向かって進んでいくのを促すという手法が有効に機能しうると思うんですよ。ただし、これまでに策定されたコードやプリンシプルが、想定した目的どおりに働いているかという点については、冷静かつ謙虚であるべきだと思っています。実態はそんなに甘くないのでしょうね。

八田　最後に日本企業のコーポレートガバナンス向上に向けた提言をお願いできますか。

佐藤　繰り返しになりますが、不祥事はゼロにはならない。だから、不祥事を増殖させない、早い段階で芽を摘むということが最も重要です。そのためには不祥事に対する〝免疫力〟を高める必要があります。そのための心得として、第1に「気づく力」、第2に「考える力」、第3に「伝える力」、第4に「行動する力」を養うことが肝要だと思います。このプロセスは、不祥事にどう向きあうかという分野だけでなく、広くコーポレートガバナンスの実効性向上のためにも有用です。そしてこの4つの力を発揮し実践していくうえで欠かせないのが職場環境としての「心理的安全性」だということも付け加えておきたいです。

コーポレートガバナンス全般に関わるキーワードとしては、会社としての「インテグリティ」を掲げておきたいです。会社として真摯であり誠実であること、です。言っていることと行なっていることとに齟齬がなく、一貫していること、と置き換えてもよいでしょう。アカウンタビリティを確実に履行できることも重要な要素です。それらを支えるのは、会社としての確固たる理念やパーパス（存在意義）であり、プリンシプル・ベースの確かな規範意識であり、それらを持続的たらしめるものとして経営トップと経営陣のコミットメント、そして社員の誇りと働き甲斐でしょう。

八田　インテグリティという言葉は、なかなか日本語への的確な翻訳がなく、そのまま使われていますけれど、経営層や管理職に必要な、誠実さとか高潔さといった概念ですよね。貴重なお話、ありがとうございました。

佐藤隆文氏との対談を終えて

佐藤氏が東京証券取引所自主規制法人（現・日本取引所自主規制法人。以下、「同法人」）理事長在任中に遭遇した、「東芝会計不正事件」では、監査法人監査の信頼性に多くの疑念が寄せられたのである。それを受け、同氏は、監査法人の意見があたかも無謬性を備え、神聖不可侵であるかのような前提を置いていることを憂え、「監査法人の意見を無条件で絶対視するのは資本市場のあり方として危険なことだ」と警鐘を鳴らされたのである。その背景には、東芝の同一期の決算について2つの大手監査法人の見解が異なるものとなって議論が混乱した、という事例もあったのであろう。それに対して、私自身、監査論研究者の立場から、当時、制度上は、野球の審判が絶対なのと同様に、「監査意見は絶対ということになっている」との視点を示すとともに、監査法人が説明責任を果たす場面が許容されていない制度上の限界について指摘したのである。

その後、佐藤氏が示された監査意見に対する注意喚起もあって、無限定適正意見以外の監査意見が表明された場合には、監査人は監査報告書において「意見の根拠を十分かつ適切に記載」する実務が導入されたのである。

また同氏は、金融庁長官在任時に、金融規制の質的な向上（ベター・レギュレーション）の実現にとっての柱として「ルール・ベースの監督とプリンシプル・ベースの監督の最適な組み合わせ」を主導したことで、その後の当局の基本的な考え方として根付くこととなったのである。このように、同氏は「資本市場の品格と活力を高める」ための土台に、責任ある立場の者による説明責任の必要性を力説されている。その前提には、プリンシプル・ベースの規律が想定されており、同法人による企業不祥事関係のプリンシプルの策定に具現化されている。

それは、企業の健全な規律づけの基本とされる「コーポレートガバナンス・コード」にも相通じる考え方であり、今回の対談でも、そうした視点での活力ある企業ガバナンス構築に向けた多くの示唆を得ることができた。

（2023年4月記）

佐々木清隆

〝他人事〟思考とインテグリティの欠如でガバナンスが綻ぶ

36年間に及ぶ官僚人生の大半を"問題企業"の監視と不正の摘発、再発防止策の政策立案に努めた元金融庁総合政策局長・佐々木清隆氏。

1990年代末に端を発する外資系証券会社の不正行為、カネボウ、オリンパス、ライブドアに村上ファンド、東芝の粉飾事件……。あらゆる経済事件に携わり、「平成経済事件史」を体現する経歴を持つ。

そんな佐々木氏が語るコーポレートガバナンス論とは―。

profile

佐々木 清隆◆ささき・きよたか

元金融庁総合政策局長
一橋大学大学院客員教授
1961年生まれ。1983年、東京大学法学部卒業後、大蔵省入省。金融庁の前身である金融監督庁の設立後20年以上にわたって金融行政に従事し、金融庁証券取引等監視委員会（SESC）事務局特別総務課長、同庁総括審議官、同庁総合政策局長（初代）を歴任。またOECD（経済協力開発機構）、IMF（国際通貨基金）での国際機関勤務のほか、バーゼル銀行監督委員会などの国際会議にも多数参加。2019年7月に退官後、一橋大学大学院経営管理研究科の客員教授に就任。同大学院においてグローバル金融規制研究フォーラムを設立、代表を務める。現在も金融規制に関する最新動向の研究を精力的に行っている。
著書に『グローバル金融規制と新たなリスクへの対応』がある。

「平成経済事件史」を駆け抜けた金融官僚人生

〝問題企業処断〟の原点は1990年代末の「金融危機」

八田　私の中では佐々木清隆さんと言うと、数々の経済事件において当局側で最前線に立った人、そして、「刑事告発」というものすごく高いハードルを超えなければ実現しなかった問題企業の処罰に、比較的ハードルが低い行政処分で迅速に対応していく道を開いた人…そういうイメージを持っています。そんな佐々木さんの〝原点〟は何でしょうか？

佐々木　やはり１９９０年代末の金融危機ですね。１９９８年６月に金融庁の前身である金融監督庁が発足した際、いわゆる「財金分離」政策（旧大蔵省が所管していた財政と金融の２分野を分割する政策）によって、「大蔵省大臣官房金融検査部」という部署がそっくり金融監督庁に移管されました。私は前年の１９９７年からその金融検査部で都市銀行などの検査を担当していましたので、金融監督庁に籍を移す形になったのです。

八田　不良債権問題を機に大蔵省が、長年、護送船団方式で金融機関を指導し、〝箸の上げ下げにまで口を出す〟と言われた裁量行政と決別した時期ですね。

佐々木　私はOECD（経済協力開発機構）への出向で1993年からフランス・パリに行っていたのですが、1997年7月に帰国して金融検査部総括補佐になって4カ月後に三洋証券、北海道拓殖銀行、山一證券が破綻しました。1998年になると、事態はより深刻化し、同年秋の日本長期信用銀行、日本債券信用銀行の国有化へつながっていく。金融システム自体が揺らぐという未曾有の危機に直面し、より透明性が高い手法が必要になるなかで、私自身は銀行の不良債権の実態を把握するための検査計画の立案と実施に取り組む業務に従事していました。

八田　よく覚えているのは、イギリスの『フィナンシャル・タイムズ』の社説です。タイトルは「不思議の国ニッポン」。直近の財務情報は黒字で、監査法人も無限定適正意見を付けているのに、その数カ月後には何の前触れもなく、いきなり破綻してしまう。この批判には2つの側面があって、ひとつは日本の監査は単なる儀式に過ぎないのではないかという点。もうひとつは、そもそも貸倒リスクに対する引当基準は一体どうなっているんだという点でした。

佐々木　金融機関が破綻してみたら、その実、債務超過だったというのは、要は貸倒リスクに対する引当が不十分だから起きるわけですからね。

八田　ただ、私はあの当時の日本の会計基準はかなり税法に引っ張られていた印象を持っています。

佐々木　ご指摘のとおり、当時は「貸倒れ」が確定していない、引当段階で税務上損金処理できる範囲は極めて限定的で、当時の会計基準も税法に引っ張られ、有税でも積極的に引当を積む基準になっていたかというと、そうではありませんでした。世界は急速に資産も負債も簿価ではなく時価で把握する流れになっているなかで、日本はその潮流に乗り遅れた感がありました。自己査定における引当基準については、多くの通達を出して対応しましたが、なかなか追いつかなかったというのが実態です。

八田　監査の信頼性についてはどういうお考えでしたか。

佐々木　問題意識は持っていました。金融機関はとてつもない金額の不良債権を抱えているのに、会計監査では金融機関と監査法人の間で充分な議論がなされていない。それは今、八田さんが指摘された、当時の会計基準、そして、その会計基準に紐づいている監査基準の問題でもあったのですが、1998～1999年頃のわれわれは、金融機関の不良債権の実態把握だけでも精一杯で、監査の問題に踏み込む余裕はなかったというのが正直なところです。金融庁として監査法人を検査の対象とする制度もありませんでしたし…。ただ、旧検査局内では、監査の信頼性向上に取り組む必要性は認識していました。

八田　当時はコーポレートガバナンスの議論もなされていなかったでしょう？

佐々木　引当不足の問題というのは、突き詰めて言えば、信用リスクに対する経営者の認識の問題であり、その根幹にあるのはコーポレートガバナンスの欠如なんですよね。もちろん、当時はまだ「コーポレートガバナンス」という言葉は普及していませんでしたが、1999年に策定した金融検査マニュアルは、アメリカのCOSO（トレッドウエイ委員会支援組織委員会）の概念を基本にしていて、従来との最大の違いは「自己責任原則」を取り入れた点でした。

経営陣のリーダーシップの下で、それぞれの規模や特性に応じて内部規定を作成し、業務の健全性、適切性を確保しなさいと。検査では、それができているかどうかを見ますよ、という趣旨のものであり、これこそまさにコーポレートガバナンスの考え方です。日本のコーポレートガバナンスの歴史において、「金融検査マニュアル」は先駆的な存在という自負はあります。

「カネボウ事件」で中央青山監査法人〝解体〟の厳罰

八田　金融機関が一足先に金融検査マニュアルによってコーポレートガバナンスの構築を求められたのに対し、一般事業会社においてもコーポレートガバナンスは必要なんだということが日本で理解され始めるのは、もう少しあとのことですよね？

佐々木　そうですね。

八田　アメリカでエンロン事件が起きたのが2001年の暮れ。ワールドコムの破綻が200

2年7月です。いずれも会計不正を監査人が見落として証券市場を大混乱に陥れたわけですが、監査先進国のアメリカで、一般事業会社でとんでもない会計不正が起きたということは、早晩、同じことが日本でも起きるはず。だから、日本も対応しなくてはいけない——。そう考えて、私自身、学界においても積極的に問題を提起したのですが、当初はまったく相手にされませんでしたよ。

佐々木 実は私、エンロンやワールドコムが破綻したときはIMF（国際通貨基金）に派遣されていてワシントンDCにいまして…。だから、日本国内でどうとらえられていたのかは知らないのですが、エンロン事件から半年足らず、ワールドコムの倒産直後にアメリカではSOX法（サーベインズ＝オクスリー法）が制定され、事業会社および監査法人に対する内部統制の確立が義務化されました。さすがにアメリカは対応が速いと思ったことを記憶しています。日本も当然、その流れになるだろうと思っていました。

八田 アメリカではエンロン事件で国際ネットワークの会計事務所であるアーサー・アンダーセンが消滅しましたが、その後に同じことが日本でも起きました。カネボウ巨額粉飾事件が2004年10月に発生し、当時の5大監査法人の一角をなす中央青山監査法人が2007年7月に解散に追い込まれます。このあたりから、佐々木さんはまさに当局側の当事者ですね。

佐々木 金融庁がカネボウの旧経営陣に対する刑事告発を行ったのが2005年7月。ちょうど私がワシントンＤＣから帰国して証券取引等監視委員会（ＳＥＳＣ）の事務局の特別調査課長として着任したときでした。すでに調査は粗方済んでいて、実際、旧経営陣の刑事告発はもう手続きをとるだけ。「中央青山をどうするのか？」というのが議論の中心でした。

八田　結論として金融庁は、カネボウの監査を担当していた中央青山の会計士たちを粉飾の共犯として刑事告発しました。１９９０年代末の金融危機のとき、監査法人はまったくお咎めなしでしたから、当局の姿勢が大きく転換した印象を強く持ちましたね。

佐々木　金融危機のときも、監査法人が何らの責任を問われなくても良いのかという議論はあるにはあったのですが、当局も手が足りないし、迅速に対応する制度自体もないということで、実際には何もできなかった。しかし、カネボウについては、これだけの巨額粉飾決算事件に対し、「今、やらずして、いつやるんだ！」というムードになっていました。

八田　アメリカでアーサー・アンダーセンが刑事告発されたこととの影響もあったのでは？

佐々木　それは確かにあります。アメリカでアーサー・アンダーセンが刑事告発されていなかったら、カネボウであそこまでのことはできなかったと思います。

八田　会計士個人が刑事告発されただけでなく、監査法人自体も２００６年に業務停止に追い込まれたわけですが、個人的にはあの処分には少々思うところがあるんです。というのも、中央青山を完全に業務停止にしてしまったでしょう。その結果、中央青山はその時点ですべての監査契約を破棄しなければならなくなった。

そして、カネボウの粉飾とは何の関係も問題もない、中央青山に監査を依頼していた事業会社が、いきなり監査をしてくれる監査法人を失ってしまい、かなりの混乱が発生しました。とりあえず7月末、8月末までに有価証券報告書を提出しなければならない会社の監査業務は継続できる措置がとられましたが、期中で監査法人が変わる、それも突然にという事態は、やはり粉飾とは無関係の健全な事業会社に、かなりの負担をかけるものだったと思います。

佐々木　確かにそのような批判はありましたが、監査法人の問題とともに監査法人ともたれ合いにあった事業会社にも緊張感を持ってもらううえでもやむを得なかったと考えます。

「他人事」思考で綻ぶコーポレートガバナンス

現状の「第三者委員会」への抜きがたい不信感

八田　ところで、佐々木さんは日本弁護士連合会による2010年の「企業等不祥事における第三者委員会のガイドライン」の策定に深く関与されていたそうですね。私は、相当数の第三者委員会は不祥事を起こした企業の経営者にとって、マスコミをはじめとする世間からの追及の手を逃れる格好の〝隠れ蓑〟になっているのではないかと懐疑的に見ています。特に、第三者委員会が日本に登場した初期の頃はひどい報告者が多く見られました。あの当時、佐々木さんも第三者委員会に対してかなり厳しい目を向けていましたよね？

佐々木　第三者委員会の欺瞞性については、2005年頃から金融庁内部でも話題になっていたんです。その頃、私は証券取引等監視委員会（SESC）の特別調査課長の後、総務課長となっていたのですが、不正会計が起きた会社が自ら「第三者委員会を作って調査をします」と言う。そして何カ月かすると、委員から調査報告書が上がってきて、それが公表されるわけです。しかし、実際に報告書を読んでみると、調査の客観性とか、調査した委員の独立性とかがまったく感じられない、ひどいものが結構あることに愕然としました。

八田　私もまったく同意見ですね。

佐々木　2007年7月にSESCの委員長に佐渡賢一さん（元福岡高検検事長）が就任されるんですが、佐渡さんも含めてSESC内でも議論し、「やっぱり、ひど過ぎる」という結論に至ったわけです。それでは、その第三者委員会の委員って、誰がやっているのかというと、基本的に弁護士なんですね。そこで日本弁護士連合会に、実例とともにわれわれの問題意識を伝えたところ、久保利英明先生ほか、有志の弁護士の方々が策定に動いてくださって、2010年にガイドラインができ上がったというわけです。

八田　ただ、日弁連のガイドラインができたらできたで、そのガイドラインに形だけ従っただけの〝なんちゃって型の第三者委員会〟や、さらには堂々とガイドラインに従わずに組成して、第三者委員会ではなく「特別調査委員会」というような、別の名称を名乗る例も出てきました。

佐々木　実は日弁連には、ガイドラインに従っているのかどうかの調査の仕組みの構築もお願いしたのですが、これについては、時期尚早だとして断られてしまいました。

八田　ガイドラインができてすでに13年ですが、不祥事企業の経営者の隠れ蓑として利用される事例は依然としてなくなっていません。さらに、当初は第三者委員会が設置される理由の7

割くらいが不適切会計の事案でしたが、最近はデータ改竄をはじめとして、会計不正以外の事案も増えています。したがって、ガイドラインについても、そろそろ見直しが必要な気がしているのですが…。

佐々木　私もまったく同じ考えですね。ガイドライン自体、日弁連に応急処置的に作っていただいたものですし、ガイドラインができた当時というのは、日本ではまだコーポレートガバナンスの概念も理解されていない時代でした。ガバナンスの欠如が引き起こした企業不正・不祥事に対応できる形への見直しは急務だと私も思います。

八田　ガイドラインができた頃に比べると、事案が多様化しただけでなく、いろいろな歪みが表に出てきているように思います。たとえば、第三者委員会への〝丸投げ〟による影響です。何か不祥事が起きると、不祥事を引き起こした会社は、半ば脊髄反射的に第三者委員会を立ち上げ、そして、何もかも丸投げしてしまう。経営者が自ら自浄能力を発揮しようという意思が感じられない。

一方で、結論ありきで誤った事実認定を第三者委員会がしてしまう事例もあります。あらかじめ〝スケープゴート〟にするターゲットを決め、すべてをその人のせいになるようなストーリーを組み、そのストーリーに合う証言を集めて調査報告書に仕上げてしまう。だから、びっくりするくらい口汚い表現のオンパレードと言っていい報告書もありますよね。

佐々木　そもそも、第三者委員会というのは、企業が自主的に問題を解決するための〝手段〟だと私は思うんですよね。起きた問題の根本原因を突き止め、再発の防止策を立てて会社を良くする。そうやって、地に落ちた企業価値を再び元に戻す。司直の手が入れば、強制的に問題の解決が図られるわけですが、そうではなくて企業自身の自主性によって、本来その企業が目指す課題解決のための手段であるべきです。違和感があるのは、第三者委員会、それ自体が自己目的化しているケースではないでしょうか。

八田　どうしたらいいでしょう？

佐々木　改めて第三者委員会の本来の目的は何であるのかを、使う会社側はもちろん、社会全体にも認識させる、といったところでしょうか。当時に比べれば、コーポレートガバナンスの仕組みは充実してきましたから、いろいろなオプションがあるのではないかと思っています。

八田　〝あるべき姿〟を何らかの形で示し、おかしな使い方をすれば社会の批判を浴びるようにすれば抑止力になる、というわけですね。

海外の金融当局から「インテグリティ」を疑問視された日本の銀行

八田　コーポレートガバナンスが有効に働くための仕組みとして、佐々木さんは「四様監査」

ということを言い出された。日本では１９４８年に外部監査を業務とする公認会計士という国家資格が誕生し、１９５１年から上場会社に公認会計士による監査が義務付けられたわけですが、その頃から「三様監査」という概念はありました。内部監査、監査役監査、そして外部監査です。外部監査は監査法人による監査、監査役監査は株主総会で選任された監査役が社長以下取締役の業務執行に対して行う監査。そして、内部監査は社内の担当者が全従業員の活動に対して行うものです。佐々木さんの言う「四様監査」の４番目は当局なんですね。

佐々木　これは金融機関に必要なものとして、海外の事例に倣ったものです。金融危機を招いたことで日本の大蔵省が世界中から批判を浴びるなか、銀行を監督しているアメリカのニューヨーク連邦準備銀行やイングランド銀行からは「日本の銀行の内部監査は一体どうなってるんだ⁉」と散々言われました。銀行が自らリスク管理体制を構築してガバナンスの枠組みを作る。それが機能しているのかどうかを当局も評価する。それが四様監査であり、金融機関にはそれが必要というのが世界の潮流でした。今では金融機関だけじゃなく、マーケット全体で確立されるべきものという位置づけになっています。

八田　「四様」の中で一番重要なのは、やはり、内部監査でしょう？

佐々木　私もそう思います。内部監査の重要性については、当局がうるさく言ってきましたから、金融機関のレベルはだいぶ上がってきていますが、一般事業会社となると、そもそも内部監査に株主や投資家があまり関心を持っていないというのが現状でしょうね。今でも何か不祥事が起きると、株主や投資家は「監査法人は何を見ていたんだ！」という反応ですよね。ところが、監査役や内部監査は「何していたんだ⁉」とは言われない。

八田　佐々木さんは金融庁を退官される直前、内部監査の高度化も提唱されていましたよね？

佐々木　そうなんですが、残念ながら、私の後を引き継いでくれるチームがいなくて、おそらく金融庁内では止まったままなんじゃないでしょうか。世界各国の当局は内部監査を非常に重要視する流れができ上がっているのですが…。

八田　日本は制度面で世界から遅れをとっているということかと思うのですが、制度を整えたら、すべてハッピーかというと、それも違う。身も蓋もないかもしれませんが、結局は経営者の倫理観に行きつくのではないでしょうか。

佐々木　おっしゃるとおりだと思います。日本の金融機関の信用が失墜した1990年代末から2000年代にかけて、海外の当局者と議論するなかで彼らが言っていたのは、「われわれ当局は日本の銀行の経営陣のインテグリティ（誠実性）を疑っているんだ」ということでした。これは本当に身も蓋もなくて、日本の銀行は全存在を否定されたと言っていいほどの意味を持ちます。「インテグリティを疑う」というのは、「倫理観がない」とか、「正義感がない」どころの表現じゃないんです。このことを何とか日本の金融機関の経営陣に伝え、そこまで信用を失っているんだということを自覚してもらわなければならないと強く思いましたが、そもそも、「インテグリティ」という英語を的確に置き換える日本語がないんですよね。

八田　確かに、誠実性とか高潔性という訳語もありますが、インテグリティを日本語に置き換えるのはなかなか難しいですね。

佐々木　自分が銀行に対して常日頃こういうことを言っていると、しばしばブーメランのように、この言葉が自分に戻ってくるんですね。人間は完璧じゃない、組織も完全じゃない。だから、金融庁内部でもインテグリティを疑われても仕方がないような事態が起きるわけで、そういうときには自分の同僚たちにもインテグリティを疑われるということがどういうことか、伝えなければならないわけですが、なかなか思うようには伝わらないですね。

不正を芽のうちに摘むための〝想像力〟

八田　内部統制の実効性を上げるうえで、不正の〝芽〟をいかに早く察知するかは非常に重要なポイントだと思うのですが、その点について、佐々木さんのお考えは？

佐々木　それは、当局自体も自覚しなければならないところですよね。端的に言えば、何か問題が起きたときに自分たちには関係ない、他人事だとハナから思い込まないこと、見て見ぬフりをしないこと、想像力を働かせて起こりうる事態を予想することだと思うんですよ。

たとえば、何年か前に横浜のマンションで杭がしっかりと打たれていなくて傾いたことがありましたね（２０１５年、マンション傾斜問題）。ああいった場合、建築基準法違反があったかどうかが焦点だから、国土交通省の問題であって、金融庁は関係ないと思われがちでしょう。でも、違う。杭の工事をしたのは確か、旭化成の子会社でしたから、たとえば損害賠償金が膨らんで旭化成本体の経営が悪化したら、どうなるか？　と考えるわけです。経営が悪化すれば、粉飾をやり出すかもしれない、インサイダー取引に手を染める役員がいるかもしれない…。だから、「（旭化成の）株価をよく見ておけ」となるわけです。

八田　おっしゃるとおりですね。初動段階で「自分たちには関係ない」と思い込んでしまうと、仮に対応が必要になった場合、後手後手に回るものです。もし経営者が主導する不正だったら、当然、内部統制は機能しませんから完全に手遅れになってしまいます。内部統制は経営者が〝シロ〟であることが前提になっている仕組みですからね。それでも、そういった指示をされていると、部下の方から「取り越し苦労だ」と言われたりしませんか。

佐々木　もちろん、そう言われるときもありますね（苦笑）。時間をかけ、リソースをかけて、それで何もなければ「無駄」と言う部下もいますが、それは結果論でしかない。もし見過ごして事態を悪化させてから対処するとなると、未然に防げた場合に比べて、失うものははるかに甚大です。

八田　最近発覚している不正や不祥事では、データ偽装など、非常に長期間行われていたという事例が結構ありますよね。どこかの部署で不正が発覚して再発防止策を打って、それから数年が経って、別の部署で同じような不正が長年続けられていたことが発覚する…。それも、「他人事」という発想が引き起こす不正ですね。

佐々木　役所だけでなく事業会社も多くの場合、タテ割りですから、「他の事業部のことは自分たちには関係ない」と思ってしまう。だから、そうなる、ということの証左ですね。

八田　ところで、「ＩＴガバナンス」という用語も佐々木さんが元祖だそうですね。

佐々木　使い始めたのは２０１２～２０１３年頃だったと思います。近年は「ＩＴ」という用語もなんだか古めかしい響きになっていて、ＤＸ（デジタルトランスフォーメーション）と言ったほうがいい時代になってきましたね。これも金融機関を念頭に置いたもので、ＩＴをちゃんと戦略としてとらえないとダメなのではないかと思ったからです。

八田　というと?

佐々木　当時も「ＩＴのリスクマネジメント」という概念はあったんですが、それはシステム障害とかオペレーションリスクといった狭い概念で捉えられていました。これも海外の当局から指摘されたのですが、日本の銀行の海外拠点はものすごく古いシステムを使っていて、経営戦略とか、ビジネスモデルと紐づけられた整合性のあるものにはなっていなかった。そこで、単なるリスク管理にとどまらない、ＩＴ自体を〝戦略〟と位置付けて、ＩＴを使ってどのように価値創造をするのかがまずあって、そこからリスク管理やコーポレートガバナンスのあるべき姿を導き出す。そういった姿を日本の金融機関に目指してほしいということを主張しました。

八田　確かに、みずほ銀行は何度も大規模なシステム障害を起こしていますね。ＩＴを戦略と位置付けていたら、あんなことは起きなかったでしょう。とはいえ、旧第一勧業銀行や旧富士銀行、そして旧日本興業銀行といった統合前の母体3行同士でいまだに主導権争いをしていては、戦略どころではないでしょうが…。

佐々木　当時の金融庁の行政処分の報告書にも「経営戦略と一体化したＩＴ戦略の一環でＩＴのリスク管理を行うべきところ、そういった視点でのガバナンスへの経営陣の理解、認識が不十分」といったことが指摘されているくらいですからね。

八田　暗号資産など、矢継ぎ早に新しい技術やサービスも出てきて、状況はどんどん変化していいます。だから、内外の環境変化、リスクに対して感度良く、他人事ではなく、〝自分事〟として考えて、ということですね。別の言い方をするなら、「好奇心」でしょうか。佐々木さんのお話を拝聴して、佐々木さんの問題意識が好奇心にあるように改めて思い知りました。ありがとうございました。

佐々木清隆氏との対談を終えて

佐々木清隆氏は、ピンクのネクタイにカラーシャツ、そしてベリーショートの髪形がトレードマークになっており、国内外の市場関係者の誰もが知るところとなっている。2016年に、金融庁からの要請で、米国の会計・監査制度の監視機関である公開会社会計監視委員会（PCAOB）の委員長を訪ね、米国の監査事情を聴取した折、開口一番、「ピンクネクタイの彼は元気か?」と質問されたほどである。同氏は、そうしたファッションだけでなく、金融行政とりわけ監査法人監査の信頼性向上に向けて、注目を浴びる多くの提言を発し続けてきたのである。

なかでも、公認会計士・監査審査会事務局長時代、監査法人に対する品質モニタリング検査結果については、被監査会社の監査役等に対して報告しかつ十分な説明をするといった実務対応を推進されたのである。これは、従来、「ブラックボックス」だと揶揄され続けてきた監査業界にとって、画期的な改革であり、かつ、より透明性を高める経緯ともなったということで、監査の信頼性向上に対して大いに貢献したものと評することができる。併せて、監査人と監査役等とのコミュニケーションを促進させることにもなったのである。

また、金融機関を取り巻く監査制度のさらなる強化に向けては、外部監査、内部監査および監査役等監査の「三様監査」を前提に、金融機関に対する当局の検査を加えて、「四様監査」の連携といった斬新な提言をされたのである。これも、それぞれの監査担当者にとっては、自身の監査業務の質向上に対して意識を高める契機ともなったといえる。

このように、佐々木氏は、官僚としては異質とも思われるように、それぞれの持ち場において、多くの軋轢を克服しつつも、常に革新的ないしは先駆的な提言や取り組みを実践されてきたことには敬意を表する次第である。今回の対談においても、そうした取り組みの一端を伺うことができた。

（2023年5月記）

松﨑正年

社外取締役の成功体験を聞いたところで企業価値は向上しない

　コニカミノルタで取締役代表執行役社長を務め、その後LIXILで取締役会議長とガバナンス委員会委員長を兼務された松﨑正年氏。

　LIXILに加えて、ウシオ電機で社外取締役、ライオンで社外監査役を務め、並行して、コーポレートガバナンスの普及・啓発活動を行う日本取締役協会で副会長を務めるなど、要職も歴任してきた。

　まさに執行と監督両面から企業経営を経験してきた松﨑氏が語る、わが国コーポレートガバナンスの課題と展望とは—。

profile

松﨑 正年◆まつざき・まさとし

元コニカミノルタ社長、元ＬＩＸＩＬ取締役会議長

１９５０年東京都生まれ。１９７６年東京工業大学大学院修了後、小西六写真工業（後のコニカ）に入社。主に情報機器（プリンター、複合機）の製品開発・商品企画に携わる。

コニカとミノルタの経営統合後、持ち株会社執行役として研究開発子会社の社長、取締役兼務常務執行役として技術戦略担当を歴任し、２００９年コニカミノルタ代表執行役社長に就任。２０１４年取締役会議長。

２０１６年いちご社外取締役、野村総合研究所社外取締役、日本板硝子社外取締役、一般社団法人日本取締役協会副会長を経て、２０１９年６月よりＬＩＸＩＬグループ（現ＬＩＸＩＬ）取締役（社外取締役）取締役会議長兼指名委員会委員、２０２１年６月より２０２４年６月まで同社のガバナンス委員会委員長も兼務。現在、ウシオ電機社外取締役・取締役会議長、Smart HR社外取締役・取締役会議長、ライオン社外監査役を務める。

著書には『傍流革命――小が大と戦うビジネス・アスリート経営』がある。

コニカミノルタ社長として体得した“実地のコーポレートガバナンス”

いち早く「委員会設置会社」制度を導入したコニカミノルタ

八田　そもそも松﨑さんがコーポレートガバナンスの議論に関心を持たれたきっかけは何だったのでしょうか。

松﨑　コニカミノルタで、先人の構築した経営執行監督分離型の取締役会を引き継いで、社内取締役として自問自答してきたことに原点があります。私は光学機器メーカーのコニカ出身なんですが、2003年にミノルタと経営統合する以前にコニカの社長、会長を歴任された植松富司さんが、経営の執行と監督を分離すべきだと主張されたのです。植松さんは1996年から2001年まで5年間、コニカの社長を務め、2001年からミノルタと経営統合するまでの2年間は会長職に就かれたのですが、社長を退任された際、「自分は社長時代に社内の論理だけで経営判断をし、しかも、そのことについて、誰からも意見されることがなかった。必ずしも正しい判断ができていたかどうかわからないのに、それはまずいのではないか」と言い出されたのです。

八田　なるほど。

松﨑　社外の人の視点を経営判断に入れるべきではないか、という問題意識が出発点ですから、おのずとコーポレートガバナンスが機能する仕組みを作らなければという話になっていくわけです。そこで約2年間、企業法務の専門家にお知恵をお借りしながら議論を重ね、採用したのが委員会等設置会社、今で言う指名委員会等設置会社です。こうしてコニカで経営の執行と監督を分離したのが2003年のことで、ミノルタと経営統合する直前でした。

八田　2003年ですか。今でも日本の企業において指名委員会等設置会社は希少な存在ですが、20年も前にそういった決断をされたというのは、すごいことだと思いますね。というのも、指名委員会等設置会社は指名・報酬・監査の3つの委員会が必置で、なかでも指名委員会が社長も含めて取締役の人事権を握っています。日本の場合、社長の権限のなかでも、特に「後継者の指名権は不可侵」と考える経営者は少なくない。そういう考えの人にしてみたら、指名委員会に後継社長の指名権を奪われるというのは到底受け入れられるものではありませんよね。

松﨑　植松さんは、後継社長の指名権は現役社長の絶対的な専権事項だと思うような人ではなかった。このことに尽きると思います。なぜそういう判断をされたのか、ご本人に直接伺ったことはありませんが、冷静にものごとを考え、正しいこと、合理的なことをやっていこうというタイプの方だからこそ、できた決断でしょう。

八田　コニカミノルタは２００３年の発足時点から委員会等設置会社（現・指名委員会等設置会社）でしたが、それは、すでに植松さんがコニカを委員会等設置会社にしていたからなんですね。納得しました。

松﨑　植松さんはコニカミノルタ発足時に自ら取締役会議長に就任して、委員会等設置会社という仕組みの実践に取り組まれたのですが、取締役全員がこの仕組みの根本精神のようなものを理解していたかというと、残念ながら、そうではなかったですね。

八田　というと？

松﨑　実は私も当初、どう振る舞えば良いのかよくわからなかったうちの１人でした。私がコニカミノルタの取締役になったときには、植松さんはもう引退されていたので、直接、彼の薫陶は受けていないんですよ。

考え抜いて体得した「コーポレートガバナンス」の神髄

八田　植松さんはコニカミノルタ発足から3年で引退されていますね。

松﨑　おっしゃるとおり、植松さんは、２００６年に退任されました。私は植松さんと入れ替わる形で、2006年にコニカミノルタ本体（コニカミノルタホールディングス）の取締役に就任しました。技術系の最高責任者という立場で取締役になったわけで、つまりは業務の執行者として監督される立場で取締役会に加わりました。

取締役会に加わってみると、一番仕組みをよく理解しているのは取締役事務局であり、事務局が仕組みを回しているわけです。社外取締役の方もすでに4名おられて、植松さんからは「社外の視点で経営に対して気になることがあったら遠慮なく言ってください」と言われて引き受けていらっしゃるようではあります。でも、具体的にどう振る舞えば良いのかは手探りでした。社内には、取締役がどう振舞うべきかまで、具体的な要望を本人に対して出せる人はいませんでした。

八田　取締役の方は、それぞれさまざまなバックボーンをお持ちだったでしょうから、〝手探り〟ということは、どう振る舞うべきかの解釈も人それぞれだったということでしょうか。

松﨑　おっしゃるとおりです。たとえば、もともと監査役だった方が監査委員になったとします。監査役としてなら、監査役の監査基準に照らして正しいかどうか、正しくない場合は「改善策はこれです」で済む。でも、監査委員となると、それだけではダメなんですね。ディレクター（取締役）ですから。個別具体的に執行者がどうすべきかまで踏み込んで発言する必要があるわけです。でも、そこまでされると、執行の側は「何でそんな細かなことまで指示されなければいけないんだ⁉」となってしまう。

そうした状況のなかで、私は２００９年の社長就任後、監督される執行側の責任者として、納得感を以って取締役会に臨むために、「監査委員の踏み込んだ発言も含めて、業務に関わっていない監督者から意見をされる意義、即ち、監督されることの意義は、そもそもどこにあるのか？」を自問自答しました。

八田　どのような結論に至ったのですか？

松﨑　植松さんの講演録も参考にして思案した結果、委員会設置会社は、社外の多様な視点が入ることで、社内出身の自分たちが気付かないリスクを指摘してもらえる仕組みなんだという結論に至りました。植松さんの「社長は内輪の理論だけで経営判断をし、しかも、それに対して誰からも意見されない。それはまずいのではないか？」という発言の意味をようやく理解できるようになったのです。

八田　まさに、もがいて、考え抜いて、コーポレートガバナンスの神髄を体得されたんですね。

松﨑　たとえば、早くやらなければいけないことを、モタモタやっていたとしましょう。誰しもモタモタしたくて、モタモタやっているわけじゃない。特に社内の事情でそうなっていると、「みんな、一生懸命やってるんだから仕方がないじゃないか」という発想になるものですよね。でも、社外取締役がいることで、外の人から「そんなスピード感では、時代に取り残されますよ」ということを言ってもらえる。持続的に成長できる会社になるには、そういう外の視点からの意見が必要なんです。

八田　ところで、取締役の候補者はどうやって決めていたんでしょうか。

松﨑　選任プロセスは植松さんが作りましたが、当初は、候補者リストは事務局が作成していました。そのリストをもとに指名委員会が人選をするという具合です。

八田　リストに載せる人のピックアップは事務局ですか。

松﨑　そうです。最初の頃は、とにかく社長の経営判断にモノ申してもらうことを期待するわけですから、企業のトップを経験した人に絞って載せていたようですよ。植松さん自身、社長に意見をできる人じゃないと監督の役は務まらないと考えて、自ら監督側に回り、取締役会議長に就任したわけです。

執行側の発想から抜けられない〝監督者〟の社外取締役

八田　松﨑さんも植松さん同様、社長を退かれて会長にはならずに、すぐに取締役会議長になられましたね。

松﨑　社長として5年間、監督される側を経験したとはいえ、繰り返しになりますが、私は植松さんから直接薫陶を受けていません。私が取締役になったときには、植松さんはすでに引退されていましたから、植松さんに取締役会議長として監督された経験もなかった。このため、正直に言うと、コーポレートガバナンスに関する理解も中途半端だったんです。

そこで、監督する側に回ったら何をしなければいけないか、そして、「してはいけないこと」は何かを改めて整理しなければならないなと思い、自ら調査しつつ自問自答しました。そのようななかで、ＮＡＣＤの創設者であるジョン・ナッシュが書いた文章を見つけましてね。思わず膝を打ちました。私の中で、「監督」の定義が定まりました。

八田　ＮＡＣＤというと、全米取締役協会ですね。

松﨑　おそらく１９７７〜１９８０年頃に書かれたものだと思います。ＮＡＣＤが発足したのがその時期なので。アメリカでは１９７０年代後半の景気低迷期にコーポレートガバナンス改革が行われて、社会的なニーズに応える形で、社外取締役が企業の中に入ってくる。そういうなかで、「社外取締役のレベルを上げなければいけない」ということでＮＡＣＤが発足したと理解しています。

八田　１９７０年代の景気低迷期にアメリカでは企業不正が相次いで、監査の世界も、会計の世界も一気に規制強化の流れになり、さまざまな研究成果が出てきました。ナッシュの文章はその流れで出てきたものでしょうね。そこで彼は、明確に「執行」と「監督」を分離している。

松﨑　そうなんですよ。日本取締役協会には八田さんも長年、監事としてご参加されていらっしゃったから、おわかりになると思うのですが、取締役の協会なのに、会合の場で経営執行の立場で発言する人が結構いるんですよね。肩書は会長兼取締役会議長なのに、やっていることは会長兼執行部会の議長なわけです。

八田　取締役は経営執行の監視役なんだということをかなり強く意識していないと、ご本人も無意識に執行側に立ってしまうし、周囲も執行者としての発言を自然に受け入れて、役割と違うことをしていると感じないのでしょうね。

松﨑　そうなんですよ。植松さんのときはまったく初めての試みでしたから、発案者である植松さんが議長として引っ張るというのは間違っていなかったと思うのですが、執行側にいた、つまり監督される側にいた私が監督する側に立つと、「立場が変わったのだ」といくら言ってもなかなか周囲が理解してくれない。取締役会議長は執行をやっていた人間がやるべきじゃなかったなと思い、私の後任の議長は社外取締役の方にお願いしました。

内紛「LIXIL」の社外取締役就任で“ガバナンス正常化”を実現

あえて火中の栗を拾った“内紛”のLIXIL取締役会議長就任

八田　2019年にはLIXILの取締役会議長を引き受けておられます。あのタイミングは、創業家出身の潮田洋一郎・取締役会議長（当時）が自身と衝突した瀬戸欣哉社長を解任、その経緯が不透明だとする海外の機関投資家が中心となって瀬戸氏を社長に戻す株主提案をし、結果、瀬戸氏が社長に返り咲いた。その定時株主総会で、松﨑さんも社外取締役に選任されていますね。LIXIL社内は大混乱していたはずでしょうから、よく火中の栗を拾われましたね。しかも、取締役会議長の大任です。

松﨑　LIXILは指名委員会等設置会社だったので、何とか私が持っている方法論で会社を再構築できるのではないかと考えたんです。

指名委員会等設置会社という仕組みを導入している以上、取締役が果たすべき役割は明確です。ただ、私と同時に選任された取締役の方々は交流がまったくない人たちでしたので、指名委員会等設置会社の取締役がどういう役割を担っているのか、正確に理解されている方たちなのかどうかもわかっていませんでした。そもそも、コーポレートガバナンスに関する意識が高いであろう日本取締役協会の会員の方々ですら、先ほど申し上げたとおり、監督の立場にあることを忘れて執行者の立場からモノを言ってしまう。世の中全体として、取締役の任務の何たるかを正確に理解している人自体、多くはないというのが現実です。

とはいえ、指名委員会等設置会社という枠組みがある以上、「取締役の任務はこれですよ」ということを明確に言える拠り所があるということです。だから、私がＬＩＸＩＬの社外取締役になることで、どうにかなると思ったんです。

八田　わかっていない人にわかってもらう…結構、難しくないですか。たとえば、どんな風に話をされるんでしょうか。

松﨑　よく使う〝たとえ話〟はラグビーのヘッドコーチの位置取りです。ラグビーの場合、野球やサッカーと違って、ヘッドコーチはグラウンドやピッチには立たず、観客席の上のほうに陣取って、戦況を眺め、スマートフォンで指示を出すんですね。要は、ゲーム全体を見渡せる高いところからゲームを見ていて、気づいたことをグラウンドにいる別のコーチに指示する。ラグビーってよくゲームが中断するでしょう。あのタイミングで伝令役のコーチが選手に監督の意図を伝えてるんですね。

八田　そうなんですか、知りませんでした。ラグビーを学生時代にやっておられたとか？

松﨑　いえいえ、全然（笑）。私がＬＩＸＩＬに加わった２０１９年にちょうど、ラグビーのワールドカップが日本で開催されました。その中継をテレビで見ていて、どのチームのヘッドコーチも同じ位置取りをして同じ挙動をしていることに気づきました。これこそ、植松さんが言っていたコーポレートガバナンスの在り様なんじゃないかとひらめきました。

八田　それにしてもよく気づきましたね。

松﨑　この話には後日談がありまして、ワールドカップが終了した少しあとにたまたまオールジャパンに関わった方の講演を聴く機会がありました。そうしたら、チームのキャプテンは、必ずしもヘッドコーチの指示に従う必要はなく、そのゲームをどうするのか、次にどういう手を打つのかを決める権限はチームキャプテンにあることもわかりました。

キャプテンはまさにＣＥＯ（最高経営責任者）で、ヘッドコーチは執行監督分離型の会社の取締役。ヘッドコーチは、キャプテンが自分の〝指示に従わない自由〟は認めているけれど、結果責任はしっかりと問う。結果が出なかったら、次の試合ではキャプテンをやらせない。人事権は、監督側のヘッドコーチが有する。これらの構図が、まさに指名委員会等設置会社の取締役と経営執行の役割分担とピッタリだということを発見し、以来、〝たとえ話〟として使っています。

八田　このたとえ話は本当に説得力がありますね。これから私も使わせていただきたいと思います。

松﨑　指名委員会等設置会社という枠組みが導入されていないと、コーポレートガバナンスを再構築するうえでもう一段階ハードルが上がってしまうのですが、ＬＩＸＩＬのように導入されていれば、「指名委員会等設置会社とはこういうものだ」という説明に説得力を持って使えます。

八田　指名委員会等設置会社の効果を頭では理解したとしても、現実にトップが受け入れるかどうかとなると、やはり、その人の意識と覚悟次第という部分はありませんか。だから、指名委員会等設置会社の導入がなかなか進まないんでしょう。

松﨑　おっしゃるとおりだと思いますね。ヘッドコーチの指示と違う作戦をキャプテンが選択できるということは、それだけ、そのキャプテン自身が戦略を持ち、結果を出せなければキャプテンをクビになるという覚悟もできているということです。これを企業に置き換えると、取締役の助言を聞かずに経営判断をした執行トップは、結果を出さなければクビになる。この仕組みこそ、指名委員会等設置会社最大の効能だと思います。

社外取締役の「モニタリング」への誤解が企業価値を下げる

八田　実際のところ、ＬＩＸＩＬのコーポレートガバナンスは再構築できましたか。取締役会議長就任から丸４年が経過しましたが。

松﨑　３年経過した年の実効性評価を、外部機関の協力を得て行いました。その結果、「コーポレートガバナンスの再構築は確実に進んだ」ことが確認できました。私自身も、コーポレートガバナンスの再構築は、一段落ついたという手応えを感じています。比較的順調に再構築が進んだ要因として、執行側の要因も大きかったと思っています。というのも、第一に、もともとＬＩＸＩＬの執行側は取締役に監督されることとはどういうことかをよく心得ていました。

第二に、執行側に一定以上の力量がありました。執行側に一定以上の力量があることが、執行監督分離型のガバナンスが機能するための必要条件なのですが、この点については、社外取締役を引き受けた時点ではわからなかったことですから、ラッキーだったと思います。

八田「もともと執行側が監督されることとはどういうことかを理解していた」というのはどういうことなんでしょうか。

松﨑　社長の瀬戸さんの業務執行の方針が創業家出身の潮田さんが考える方向性と合わなかったために、瀬戸さんは事実上潮田さんによって解任されるわけですが、そのプロセスが実に不透明だった。潮田さんは指名委員会に対して「瀬戸さんが辞めたいと言っている」と説明したのに、瀬戸さんは「そんなことは言ってない」と言うわけですね。さらに、株主がそのことを問題視して正面から戦った。社員も含めて執行側はそれを目の前で見ていたわけですから、逆説的ですが、ＬＩＸＩＬは肌感覚でコーポレートガバナンスの神髄を体得する機会に恵まれたと言っていいでしょう。

八田　ということは、社内の取締役よりも社外の取締役のほうを理解させるのが難しかったと？

松﨑　確かに、そういう面はありました。

八田　何しろ、日本にはもともと「執行と監督の両方をやるのが取締役」という文化がしっかり根を張っていますからね。この意識を変えるのは容易ではないでしょう。米国でも１９６０年代くらいまではそうだったわけですが、１９７０年代以降に執行と監督の分離が進んだ。今となっては、日本の監査役制度は世界では到底理解されない状況です。とはいえ、執行と監督の完全分離については経営者たちの抵抗が強いから、折衷案的に3つ目の「監査等委員会設置会社」を作ってしまい、ますますワケがわからなくなりました。

松﨑　私も監査等委員会設置会社ができたときは、ちょっと驚きましたね。

八田　高名な弁護士の方たちがよく「取締役会の仕組みにはマネジメント・ボード型とモニタリング・ボード型があります」みたいなことを平気で言いますでしょ。コーポレートガバナンスの視点からは、モニタリング型を目指すのが当たり前という発想に水を差しているのではないでしょうか。

松﨑　「モニタリング」という意味も、よく誤解もしくは誤用されていますよね。本来の字義的な意味から拡大解釈されている。本来のモニタリングは、パフォーマンスを見るために売上げなり、利益なりのＫＧＩ（重要目標達成指標）や、あるいはその前提となるＫＰＩ（重要業績評価指標）について、その推移を一定期間見て、それをベースに議論していく、という意味なのですが、モニタリングに相当する日本語は監視で、監視には〝警戒して見張る〟という意味もあるので、日本の企業社会では〝見張る〟という意味に拡大解釈されて使われているように思うんですね。モニタリングを〝警戒して見張る〟と誤解している社外取締役にかかったら、もう四六時中、事細かに見張られることになりますから、業務執行側にとっては業務の妨げ以外の何物でもない。

八田　なるほど。オーバーサイト（監督・管理）という意味で理解すべきなのでしょうね。そうでないと、企業価値を上げるためのコーポレートガバナンスが、企業価値を下げる方向に機能してしまうわけですね。

松﨑　だから、指名委員会等設置会社に移行すると、社外取締役から度を越した監視（つまり、監視カメラで24時間見張るような意識でのモニタリング）をされて、業務が妨げられると考えている経営者もいるのが現実です。

次の課題は「社外取締役のレベルアップ」

八田　ＬＩＸＩＬのコーポレートガバナンスについて、第1段階はクリアしたとおっしゃいましたが、第2段階に入っていくうえで、課題となるものは何でしょうか。

松﨑　何と言っても、私も含めた社外取締役のレベルの向上ですね。重要な議題において、業務執行側に「なるほど」と思ってもらえるような指針を示せるレベルが求められます。企業トップの経験のある社外取締役に、自分の過去の成功体験の自慢話をされても企業価値は向上しません。

八田　具体策は何かありますか。

松﨑　２０２２年5月に冨山和彦さん（日本共創プラットフォーム社長）が日本取締役協会の新会長に就任されました。冨山さんも社外取締役のレベルアップが喫緊の課題という問題意識を持っていて、日本取締役協会の研修制度を一から見直すプロジェクトを立ち上げています。私もその活動に参加しているのですが、まず1つ目が、社外取締役の経験が浅い人向け研修の充実です。これまでも研修制度自体はあったのですが、より充実させようというものです。

２つ目が、自分の経験していない取締役会の場面を想定したトレーニングです。たとえば、「アクティビスト（物言う株主）から手紙をもらったら、どうすべきか」などです。

３つ目が、取締役会議長や委員会の委員長、筆頭社外取締役といった人たちが研鑽を深めることができるコースの新設です。これは私自身の発案なんですが、やはり、このリーダーシップをとる層が底上げされないと、全体のレベルアップは望めません。

八田 一番の司令塔ですからね。

松﨑 コーポレートガバナンスは企業価値を上げるためのものです。投資家のロングタームの関心事に適うような経営をしていくことで企業価値は上がっていくわけですから、何が一番大事なことなのかを議論できる仕組みを作って、その仕組みに則って、実際に実りのある議論をする。今のＬＩＸＩＬは仕組み作りが一通り終わって、まさにその次の、実りある議論を積み重ねていく段階の入口に立っていると思います。

八田 取締役は感度を研ぎ澄ませ、最新の情報を入手しながら自分を磨き続けなければいけませんね。ありがとうございました。

松﨑正年氏との対談を終えて

松﨑氏とは、日本取締役協会の理事会でご一緒したことから面識を得ることができたのである。同氏は、副会長の立場にはあったが、他の多くの理事の方たちとは明らかに異なった視点で、折に触れ、コーポーレートガバナンスの意義と重要性を発言されていた。私自身、監事の立場で同席していたこともあり、経営の執行と監督の峻別こそ、コーポレートガバナンスの原点だとの同氏の主張を幾度となく目にすることができたのである。そこで、いつか機会があれば、ぜひ、同氏の体験に基づくガバナンス論をより深く拝聴したいと願っていたことから、今回の対談を実現することができた。

同氏の主要な経歴からも明らかなように、コニカミノルタで取締役代表執行役社長および取締役会議長を務め、現在は、現在はLIXILで取締役会議長ということで、まさに、経営の執行と監督の両面での確たる実績を踏まえたうえでの発言であったということがよくわかった。また、ガバナンス不全が顕在化したLIXILの立て直しのため、2019年、社外取締役に就任され、取締役会議長として手腕を発揮できた背景に、経営の執行と監督が分離された指名委員会等設置会社であったことが功を奏したとも述懐されている。

なお、経営の監督と執行の分離を理解するために例示された、ラグビーのヘッドコーチとグラウンドに立つチームキャプテンとの役割分担と責任のあり方は、まさに目から鱗といっても過言ではない。つまり、経営の監督は、モニタリング（監視）という視点ではなく、オーバーサイトという、大所高所からの監督こそが本旨でないかといった指摘は大いに説得力ある指摘といえる。

今回の対談の最後に「経営の執行と監督の双方を体験されたことから、どちらの役割がお好きですか」との問いに、「やはり、経営の執行を担う方が好きですね」との回答に、松﨑氏の経営者魂を垣間見た気がした。

（2023年6月記）

岩田喜美枝

企業が思い描く社外取締役像を少し変えれば候補者は広がるはず…

旧労働省と厚生労働省で雇用均等・児童家庭局長などを歴任、退官後は資生堂の副社長、経営再建下にあった日本航空（JAL）で社外取締役を務めた岩田喜美枝氏。

現在も味の素の取締役会議長を務めるなど、官界は元より、民間企業においても執行側、監督側双方での豊富な経験を持つ。

そんな岩田氏が語るガバナンス論とは―。

profile

岩田 喜美枝◆いわた・きみえ

元資生堂代表取締役副社長、元厚生労働省雇用均等・児童家庭局長
1971年東京大学教養学部卒業後、旧労働省入省。働く女性支援や国際労働問題を担当し、2003年厚生労働省雇用均等・児童家庭局長を最後に退官。同年資生堂に入社。取締役執行役員、取締役常務を経て2008～2012年まで同社初の女性代表取締役副社長に就任。この間CSR、H&BC事業、国内アウトオブ資生堂事業、人事、お客さま情報、広報、企業文化を担当。
2012年キリンホールディングス社外監査役（のちに社外取締役）、日本航空社外取締役、2018年住友商事社外取締役就任。2024年8月現在、りそなホールディングス、味の素で社外取締役を務める。
共著に『女性はもっと活躍できる！　女性活躍推進の課題とポイント』がある。

厚労省から資生堂副社長へ「女性活躍推進計画」も策定

資生堂時代に活きた「官僚時代に培った新しい仕事への適応力」

八田　お久しぶりです。岩田さんとは再建中のＪＡＬでご一緒させていただいて以来、ずっと注目させていただいておりました（岩田氏と八田は２０１２年６月の定時株主総会でＪＡＬの社外取締役と社外監査役に就任、岩田氏は２０１８年６月まで、八田は２０２０年６月まで務めた）。

岩田　ありがとうございます。光栄です。

八田　岩田さんは官界でのご経験だけでなく、民間での経験も実に豊富です。旧労働省を含め、厚生労働省時代の岩田さんというと、１９８６年の男女雇用機会均等法の制定にも関わられ、日本における〝働く女性支援制度の先駆者〟というイメージです。ＩＬＯ（国際労働機関）の日本政府代表も務めておられましたね。

岩田　ご存知のとおり、霞ケ関の公務員は次々と異動していきます。１つの部署で基本的に２

年間、短い時は1年間というサイクル。私が現役のときは、自分が「こういうキャリア形成をしたいから、あの部署に行きたい」「あんな分野の仕事がしたい」という希望が実現することなど考えられなかったですね。実際、私も32年の間に17回異動しました。そのうち5回は女性労働の関係でした。ですから、女性労働関係の仕事は2年ずつ5回ですから、トータル10年やったことになりますね。国際労働問題関連の部署は4回行きましたから、こちらは8年ですね。

八田　17回も異動されたというのはすごいですね！

岩田　そうなんですよ、でも普通のことです。

八田　それだけ多岐にわたるご経験をされているからこその蓄積なのでしょうか。民間企業で活躍されるなかで、公務員時代に培った知識は役立っているのではありませんか。

岩田　専門的な知識が蓄積できたかというと、そうでもないんです（苦笑）。何しろ短期間で異動しますから。今、公務員時代の経験で活かせていることがあるとしたら、それはおそらく新しい仕事を恐れないとか、やったことがない仕事に短期間でキャッチアップする順応力といった点かもしれません。着任から1カ月くらいで、もうその仕事を何年もやってきたかのような顔をしていなくてはいけないという環境でしたから（笑）。

八田　なるほど。私も金融庁や経済産業省、財務省などで審議会等の委員を拝命する機会がありましたが、確かに、キャリア官僚は異動が頻繁ですね。でも、着任されて1カ月もすると、もうほぼその分野のエキスパートになってしまう。その能力は本当にすごいなと感心していたんです。やはり、みなさん、そういう人事サイクルのなかで鍛えられてるんですね。

岩田　確かに、そういう面はあるかもしれません。

八田　だからなんですね。厚労省を退官されて最初に就かれたのが資生堂の執行側での仕事でしたよね。それまで携わってこられた仕事とはまったく違う内容であるはずなのに、しっかりと成果を出されました。資生堂にはどういったご縁で？

岩田　私は香川県の県立高松高校出身なんですが、２００３年に役所を退職して再就職先を探すなかで、当時の資生堂の社長が同じ高松高校の先輩である池田守男さんで、そのご縁を頼って使っていただけないか、お願いしたら採用していただけたんです。

八田　資生堂での最初の仕事は？

岩田　ＣＳＲ部長です。２００３年6月のエビアン・サミットでＣＳＲ（企業の社会的責任）がG８の経済課題として盛り込まれたことなど、ＣＳＲ関連の記事を新聞でよく目にするようになりましたし、ＣＳＲの部署を新設する企業も現れました。だから、２００３年は「ＣＳＲ元年」と言ってよいと思うのですが、資生堂もＣＳＲ部を２００４年に新設しまして、その誕生したばかりのＣＳＲ部の初代部長を拝命しました。

八田　あの当時のＣＳＲ部だと、かなり手探り状態ではなかったのでないでしょうか。具体的に何をするかというのが明確になってはいませんでしたから、とりあえず部署を新設しただけという会社も多かったように記憶しています。

岩田　おっしゃるとおりです。CSR部の責任・権限について規定した文書もなく、「16人の部員をどう使ってもいいから、自由にやれ」と。役所は各省ごとに設置法があって、それに基づく施行令や施行規則があり、権限と責任が明確に決まっています。逆に言えば、権限を越えることはやってはいけないんです。ですから、民間企業は本当に自由なんだなと思いました。

八田　CSRというのは部門横断型の業務ですから、自由度が高くないと、部門として機能しない。資生堂の経営層の方々はそのことを理解しておられたということでしょうか。

岩田　組織図上では社長直轄になっていましたから、みなさん、ここが組織横断型の役割を担うことは理解していたと思います。着任時点で「何でもやっていい」と言われましたが、実際、そのとおりでした。私は、「CSR戦略」を立案するだけではなく、「女性活躍推進計画」も策定したのですが、これは本来、人事部のテリトリーの業務です。でも、人事のほうでは私の役所での経験に敬意を払ってくださって、「どうぞお願いします」と言っていただけたんです。

「数値目標」成功のカギは女性育成を急ぐこと

八田　私は資生堂に対しては、かなり昔から「女性活用では最先端の会社」というイメージを持っていました。しかし、岩田さんが参加されて以降そういった計画を策定されたということは、その実、そうでもないということだったのでしょうか。

岩田　もちろん日本企業一般の水準と比較したら、トップクラスではありました。私が入社した当時は１９９０年代、福原義春さんが社長を務めた10年間に一大改革を実施しましたから。私が入社した当時は一気に４人の女性支社長を誕生させていました。経験や実力が物足りないと見られた人も含まれていたのですが、そのくらいの荒療治をしないと、壁は破れないと考えられたのでしょう。

八田　「クオータ制」（格差是正のために行うポジティブ・アクションのひとつで、マイノリティへの割り当てを強制的に行わせる手法）と同様の考え方ですね。結果はいかがでしたか。

岩田　全員が支社長として高い評価を得たわけではありませんでした。期待に応えられなかった人もいました。やはり、しっかり経験を積んでもらい、力をつけてから登用しないと貴重な人材を潰してしまいかねないということを痛感しましたね。

八田　それから20年経ったいま、資生堂は取締役10名中３名、監査役５名中３名が女性で、このうち取締役１名、監査役１名は内部昇格です。時代の最先端を歩む資生堂は人材のプールができ上がっているのだと思いますが、一方で、20年前の資生堂のようにも人材自体が育っていないという企業は多いと思います。

ですから、クオータ制という話になるわけで、内閣府の男女共同参画会議が「女性活躍・男女共同参画の重点方針２０２３」でも、東証プライム上場企業は２０３０年に女性役員比率３割という目標が示されました。岩田さんはクオータ制度についてはどういうお考えをお持ちですか。

岩田　「３割目標」には賛成です。ご存知のとおり、プライム市場上場企業で女性役員比率３割というこの話は、突然出てきた話ではなく、当時の安倍（晋三）首相が２０１２年に経済界に要望したことが起点になっています。最初は全上場企業に女性役員を最低でも１人は置いてほしいというところから始まっていて、そこから目標を10％、20％と上げてきて、ようやくここまで来たという感じですね。ただ、これは政府がこのような社会を実現したいとして掲げている目標でしかなく、企業に一律に義務付けるクオータではありません。クオータでないとしても、全上場企業に適用される「コーポレートガバナンス・コード」に加えていただけると、実効性はもっと上がるのではないでしょうか。

八田　ただ、〝逆差別〟だという批判もありますよね。

岩田　クオータ制度は、格差是正を早くやるための手法ですから、最初のうちは、女性優遇、すなわち男性差別が起きます。そのポストにもっと相応しい男性候補がいたとしても、クオータを達成するために女性をそのポストに就かせることになるからです。そもそも、クオータ制は、社会変革を早く実現するための、〝時間稼ぎ〟の制度です。だから、経過的には女性優遇をしてでも急いで変革することの方が大切なんだという社会的なコンセンサスがあれば導入できますが、日本にはその合意はありません。

日本の女性活躍推進法等で導入されている数値目標は、クオータではなく、努力目標であり、女性の育成目標です。女性優遇をしなくても目標が達成できるよう、大事なことは、育成を急ぎ、しっかり経験を積ませて実力をつけさせることです。実力がまだ十分ではない人を取締役などにしておきながら、何もサポートせずに、結果が出ないと「やっぱり女はダメだ」という結論を出すような展開だけは絶対に避けなければいけません。

八田　欧米でもクオータ制への対応は分かれているようですね。欧州では比較的採用されている一方、米国ではほとんど採用されていないようです。

岩田　米国では実力主義が徹底されていることもあるとは思います。クオータはEUを中心とする欧州で採用されています。その結果、役員や管理職に占める女性比率は欧州のほうが米国よりも高くなっています。

実は私が資生堂に採用された理由も、当時の資生堂の経営陣が、早く女性の取締役をつくらなければいけないと考えていたからららしいのです。というのも、どうやら、その当時、株主総会で株主から「壇上（取締役）に女性がいないのはおかしい」と指摘されていたようなんです。

八田　今でこそ、女性の取締役が1人もいない会社の経営トップに、取締役選任議案で反対票を投じるよう議決権行使助言会社が提言したりするようになりました。その点、資生堂には20年も前にそんな指摘をする株主がすでにいて、経営層もそうした指摘に真摯に耳を傾けたということなんですね。

社外取締役を引き受けるかは「その会社が好きになれるか」

会社を挙げての「企業理念」の実践が不正を防ぐ

八田　資生堂ではもっぱら執行側で活躍され、資生堂としては女性初の代表取締役副社長も務められましたが、キリンホールディングス（ＨＤ）では社外監査役として執行側を監督する立場にも回られました。現在は味の素、住友商事、りそなＨＤの３社で社外取締役を務めておられます。執行側、監督側双方での実績を積まれた岩田さんが考えるコーポレートガバナンスとは何でしょうか。

岩田　やはり、コーポレートガバナンスとは、企業の中長期的な価値を向上させるための経営の基盤、それも非常に重要な基盤だと考えています。そして、その企業価値の向上には２つの側面があって、ひとつは企業価値の毀損を防ぐこと。もうひとつは文字どおり、企業価値を高めること。毀損を防ぐためにはリスクの顕在化の防止が必要になるわけですが、一方、高めるためには適切なリスクテイクも必要だと考えています。

八田　なるほど。そのことは岩田さんが社外取締役を務めていられる会社の経営層と認識は一致していますか。

岩田　認識はしっかり共有できていると思います。問題は、強いて言えば、取締役会の議題のなかで、企業価値の毀損を防ぐための議題は、企業価値向上のための議題と比較して、議論が弾まないことなんです。

八田　ああ…よくわかります。取締役会や経営会議の場が、喧々諤々の議論を戦わせる場ではなく、きれいに根回しが済んでいる結論をみんなが確認する場になってしまっているんでしょう?

岩田　それとは事情がちょっと違うのです。私は経営会議の議事録をよく読むようにしているのですが、企業価値の毀損防止に関する議題は、経営会議の場でも議論を戦わせた形跡があまり見られません。

八田　たとえば、リスクの防止策。その種の後ろ向きに考えられる内容の検討については、嫌がる経営者は多いと思いますね。議論が細かいルールを決めていく話になりがちですから、入口から拒否反応があって、あまり突っ込んだ議論をしたくないという心理が働くようです。

岩田　私も、リスクを防止する議論が細かいルール作りになっていくことを支持しているわけではありません。不祥事を起こさないための完璧なルールを作るとなれば、多数の細かいルールによる重装備になってしまいますから。それよりは企業文化を深く、豊かに耕しておくことのほうが大事だと思っているんです。企業理念は、額縁に入れて社長室に飾っておくものじゃない。企業理念が経営者はもちろんのこと全社員によって実践され、社員一人ひとりの生き方と会社の理念とが重なるようであれば、不祥事は起きないでしょう。

私が社外取締役を務めている住友商事では「即一報」という言葉をスローガンにしていまして、〝バッドニュース・ファースト〟で、原因分析ができていなくてもいい、再発防止策の検討も後でよい、とにかく問題を把握したら、速やかに上に「一報」を入れること、このような文化を作ろうとしています。企業文化を作ることは経営者でなければできない仕事です。ルールでがんじがらめにするよりは、このほうが効果的だと思うんです。

八田　私もそう思いますね。最近は「パーパス経営」という言葉をよく耳にするようになりましたが、企業の社会的な存在意義を明確にして、どうやって社会に貢献するのかの道筋を経営者自ら示して社員にも浸透させる。経営者はこれができなければいけませんね。そういう経営者を生み出すためには、やはり、経営者に一言モノ申せる人が会社のなかにいる必要がある。その役割を担っているのが社外取締役や社外監査役でしょう。

思考停止状態でガバナンス・コードを〝遵守〟していないか

八田　ところで、岩田さんは多くの企業から社外取締役への就任要請を受けておられるのではないかと思うのですが、オファーを受ける基準のようなものをお持ちでしょうか。

岩田　そうですね。私はお引き受けするかどうかの基準を3つ持っています。まずは、その会社が好きかどうか。その会社の役に立ちたいと思うかどうかです。お引き受けしたからには、自分のそれまでの経験を総動員してお役に立ちたいと努力をします。取締役会では積極的に発言するように心がけています。反対意見がある場合でも遠慮なく発言するのが社外取締役の務めだと考えています。

2つ目は、その会社が社外取締役に何を期待しているのかです。言い換えると、「気づいたことがあれば、何でも言ってください」と言っていただける会社かどうかということです。数合わせのためだけに招聘され、「何も発言しないでほしい」というのがホンネの会社では、お引き受けする意味がありませんから。私はWCD（Women Corporate Directors）にも所属していまして、そこでお会いする女性社外取締役のなかには、執行側の方針に異議を唱えたり、耳障りな意見を言ったりすると歓迎されないという悩みを持っている方もいます。

八田　先般の東京五輪組織委員会の場合はその典型でしたからね。

岩田　まさに。私がお引き受けしている会社は、本当にやりがいがあります。経営陣、特に社長が一生懸命話を聞いてくださいます。しっかりメモもとられて。だから、もっとお役に立たねばという気持ちになりますね。

　そして3つ目は、時間的に可能かどうかです。取締役会や株主総会の日程が重ならないことは当然として、社外取締役に期待される役割はどんどん大きくなっていますから、時間的な負担が増えています。その時間がとれるかどうかです。

八田　ところで、岩田さんは「コーポレートガバナンス・コード」はどう評価されていますか。少し前まで、日本を代表するグローバル企業が社外取締役に否定的でしたが、今では社外取締役は当たり前になりました。そのきっかけを作ったのは、やはり、社外取締役を置くことを求めたコーポレートガバナンス・コードだと思うんですよ。コードは法律ではないから違反しても罪にはならないし、従う義務もない。しかし、一旦、コードが適用されるようになったら、それまで社外取締役に否定的だった大企業が一斉に社外取締役を入れ出しました。

岩田　私は、コードは日本の風土に合っていると思っています。コードは官主導で策定したわけですが、日本の大企業の経営者の方は、法令遵守は当然として、行政指導にも従う傾向にあります。加えて、業界横並びの意識がものすごく強い。だから、2015年のコードの導入以降、一気に流れが変わったんだと思います。ただ、横並びですから、みなさんが、すべての項目についてコンプライ（従う）を目指すことになっているのは気がかりです。

八田　そうそう。コンプライ・オア・エクスプレイン（遵守せよ、さもなくば、説明せよ）なのにね。従っていないのなら、その理由を説明すればいいはずなのに、コンプライ一辺倒になっちゃいましたね。

岩田　「とりあえず一度はコンプライしてみよう」はアリだとは思うんです。で、やってみて違うと思ったら、変えたらいいはずなんです。さらに、コーポレートガバナンス・コードも改訂を繰り返すうちに、細かいルールが次々加わってきました。そうなると、企業側は「今度、コードがこう変わるから、これに適合するためには、ウチの会社のここを直さないと」とか、「新しくこういう仕組みを作ろう」というほうに行ってしまう。

ちょっと思考停止状態に陥っているのではないかと心配してしまいます。コードが自分の会社の目指す方向性に合わないのであれば、コンプライせずに、エクスプレインするというのが正しい方向性でしょう。それをしないのは、どういうガバナンスのスタイルが自社にとって最善なのかという突っ込んだ議論をしていないからだと思います。

"基準"を変えれば社外取締役適任者は格段に増える

八田　ところで、社外取締役が当たり前の存在になるなかで、社外取締役候補者の人材不足は深刻化しています。特に女性の社外取締役の適任者は本当に少ない。

岩田　実は私は、企業が思い描く社外取締役像を少し変えるだけで随分と候補者は広がるのではないかと思っています。プライム市場に上場している企業の場合、需要が集中するのは、同じプライム市場に上場している会社の役員（特に社長）経験者です。その結果、社外取締役は60歳代以上の人が圧倒的に多いのです。しかし、このような経験者のなかには女性はほとんどいないのです。対象者をプライム市場企業出身者以外に、外資系企業に拡大する、起業家にも拡大する、また、40・50代でもよいと考えれば、女性の層もずいぶん厚くなってきています。このように選考の基準を見直せば、女性人材がいることに気が付くのではないでしょうか。

八田　なるほど。

岩田　加えて、社長を退任した後、会長として会社に残る人が減れば、もっと人材は増えるでしょう。社長にモノ申す役割の社外取締役として、他社の社長経験者は良い候補者です。後進に社長の座を譲った後は、会長等として会社にとどまったりせずに、社外取締役として他の会社のガバナンス向上に貢献していただきたいものです。こうすることで、社外取締役の候補者は一気に増えるのではないでしょうか。

八田　社長退任後に、同一会社に残るのを禁止すべきですよ。それにしても、日本社会は、普通の従業員から経営トップまで横への移動は少ないですよね。特に専門的な知識を持っている方が他の企業や組織に移るようなことがないと、企業社会も活性化しないはずですし、日本経済の成長も覚束ない。ただ、うがった見方をすると、社長経験者を社外取締役として受け入れると、企業の事務方の腰が引けてしまうのでは？　大物に「時間をください」なんて言うのも遠慮してしまうこともあるかもしれません。

岩田　受け入れ側の企業は遠慮してはいけませんね。また、引き受ける方も、その企業のためにきちんと時間を用意しないといけないはずです。それが社外取締役を引き受けるということでしょう。

八田　ところで、私は常々、社外取締役も株主総会で発言すべきだと考えています。社外取締役をお客さん扱いする会社が多いですが、法律上負っている取締役の責任は社内も社外も同じでしょう？　それなのに、たとえば不祥事が起きると、記者会見に出てくるのは執行側の取締役ばかりで、ひどいときには、社外取締役は「そんなヒドい会社だと思わなかった」などと、自分は関係ないと言わんばかりにさっさと辞任してしまう。

岩田　私もまったく同感です。責任を負っている以上、株主総会などの場で社外取締役も発言するべきです。ただ、社外取締役に遠慮をするのか、あるいは、間違ったことや余計なことをしゃべられたくないのか、社外取締役にはできるだけ発言させないようにする会社は結構ありますね。

八田　岩田さんは社外取締役として発言されたご経験はありますか。

岩田　私の場合、時々あります。株主総会の報告事項は、基本的にすべて、社長が説明します。質疑応答でも、社長を中心に、細かい説明は管掌の社内取締役が対応しますが、説明するテーマによっては社外取締役のほうが適任という場合もあると思います。味の素では議長をしていますが、今年２０２３年の株主総会では冒頭の社長報告の後で、ガバナンスに関しては私から報告しました。他社の株主総会でも質疑応答の際に指名をされて発言したことは何回かあります。

株主総会の場以外でも、社長交代の記者会見は新旧の社長が発言するのが普通ですが、指名委員会が設置されている会社なら、指名委員会委員長がやったほうがよいのではないでしょうか。味の素ではそのようにしました。

八田　上場会社は株主と建設的な対話をしなさいと言われているのですから、執行側が阻止したりしないで、どんどん発言させるべきだと思いますよ。

それにしても、今回、岩田さんのお考えを聞いて、本当の意味での社外取締役のあるべき姿だと思いました。今後もお仕事は続けられていくおつもりですか？

岩田　お役に立てるうちは続けさせていただきたいですね。私が仕事を続けてきた背景には、専業主婦の母に「女性も経済的に自立すべきだ」と繰り返し言われてきたことと、学生運動が激しかった時代に学生時代を過ごしたというのがあります。今思えば、青い議論だったのでしょうけど、どうすれば世の中を良くできるのかなどと、授業そっちのけで議論していたような時代でしたから、その影響を受けて、職業を通じて、世の中を良くすることのお役に立ちたいという職業観を持つようになりました。だから、元気な間は仕事を辞めるという選択肢はありません。と言っても、やっぱり、仕事が好きなのでしょうね（笑）

八田　よくわかりました。長時間、そして貴重なお話をありがとうございました。

岩田喜美枝氏との対談を終えて

岩田氏とは、2010年に経営破綻したJALが、2012年に再上場したときの取締役会で初めてお会いした。同氏は社外取締役として、私は社外監査役ということで、独立の立場から経営を監視・監督するという使命を共有することになったのである。同氏は、厚生労働省退官後、資生堂に入社され、執行役員CSR部長等を経て副社長に就任された経験から、多くの上場会社において、社外取締役を務めてきておられる。

JALの取締役会では、毎回、的確な質問や提言等を発せられる姿を間近で見て、あるべき社外取締役の見本を見た気がしたのである。それは、発言の内容は当然ながら、会社の実態についての詳細を理解したうえでの、ガバナンスに関する公正な視点からの提言および助言であり、会議自体の信頼性を高めることにも貢献されていたのである。

わが国では、今でこそ、女性活躍が声高に標榜されるようになってきており、同氏の活躍は、その最先端に位置するものであるが、それは、ご自身の育った家庭環境でのお母様から受けた教えに大きく依存しているようである。つまり、生活の基盤となる収入を夫である男性にのみ依存するのでは、万が一の時に幼子を抱えて路頭に迷う恐れがあるということ。したがって、女性も、生涯にわたって収入が得られる仕事を持つことが極めて重要だという教えを実践されてこられたのである。と同時に、そうした職業や仕事を通じて、自身の経験と能力を高める努力を続けることの喜びを感じ取ることができてきたものと思われる。

社外取締役に就任されるときに心することとしては、「その会社が好きになれるか、そして、会社の発展にどこまで貢献できるか」を自問されているとのことであった。官民双方での貴重な経験を有したうえでの、社外取締役の職務遂行は、まさに、同氏のために用意された制度ではないかと思われる。印象的な言葉として、最後に一言、「やはり、仕事が好きなのでしょうね…」と。

（2023年7月記）

坂東眞理子

女性役員、女性管理職3割…本気で取り組めば5年でできる

内閣府の初代男女共同参画局長を務めるなど、女性活躍の先駆的存在にして、ベストセラー作家、そして、現在も昭和女子大学総長として教育現場に携わる坂東眞理子氏。

その一方で、MS&ADホールディングス（HD）、アサヒグループHDなど上場会社の社外取締役として、企業経営にも参画してきた。

そんな坂東氏が考えるガバナンス論とは—。

profile

坂東 眞理子◆ばんどう・まりこ

昭和女子大学総長

1969年東京大学文学部卒業後、旧総理府入省。総理府婦人問題担当室（のちの男女共同参画室）発足時の最年少担当官、統計局消費統計課長、男女共同参画室長などを経て、1995年埼玉県副知事、女性初の総領事（オーストラリア・ブリスベン総領事）を歴任。2001年内閣府男女共同参画局の初代局長を務め退官。2003年昭和女子大学理事、2004年同大女性文化研究所所長、2007年同大学長、2014年同大理事長、2016年同大総長に就任、現在に至る。

また、2024年8月現在、MS&ADホールディングス、三菱総合研究所、イトーキなどで社外取締役を務める。

この間、出産・子育て、親の介護、孫の育児手伝いを経験しながら、精力的な執筆活動を展開。

『女性の品格』『女性リーダー4.0』『思い込みにとらわれない生き方』など著書多数。

男社会の経営者に「女性活躍の意義」を知らしめたい

社外取締役は「公器」たる企業に〝社会全体の視点〟で監視し助言する仕事

八田　坂東さんは、日本における数少ない女性活躍の先駆的存在です。しかも、中央官庁退官後は、誤解を恐れずに言うならば、魑魅魍魎うごめく学校法人経営で実績を上げられ、社外取締役としての経験も豊富で、ぜひとも一度、ガバナンスについて議論をさせていただきたいと思っていました。

坂東　ありがとうございます。大変光栄です。私は１９６９年に総理府に入省していますが、２００１年に内閣府男女共同参画局長の職に就いたことから、社会における女性活躍を推進する立場を貫いてきました。

八田　学校法人経営についてはのちほどおうかがいするとして、まずは社外取締役についてお話を聞かせてください。社外取締役の役割ですが、ずばり、坂東さんはどうお考えでしょうか。

坂東　上場会社はソーシャル・インスティテュート、社会の公器だから、外から見たらどうなのかという別の視点を、企業の中の方たちに伝えるというのが社外取締役の役割なのではないかと考えています。株主資本主義とか、会社は誰のものかという議論がありますよね。出資者（株主）が有力なステークホルダーであることは言うまでもありませんが、その製品やサービスを購入している消費者、その会社で働いている社員に加え、将来、その会社で働くかもしれない次世代の人たちを育てている教育機関も地域もステークホルダーなんじゃないかと。つまり、株主だけでなく社会全体が企業のステークホルダーと言えるのではないでしょうか。

その意味では非上場で個人が１００％支配している会社や、自分の才覚だけで自分のお金で経営する会社も社会で活動しているので、ソーシャル・インスティテュートだと言えなくもない。ただ、何と言っても上場会社は出資者が不特定多数であるという点で、より社会性・公共性が高い。ゆえに社外取締役の果たす役割は重いのではないかと思います。

八田　社外取締役は、必ずしもその会社の業界や業務に精通している必要はないという意見もありますよね。坂東さんはどう考えますか？

坂東　「ある程度は知っている」必要はあるように思いますけどね（笑）。社会や経済の方向性は把握していることももちろんですが。

八田　私個人は、社外取締役に厳格な専門性は必要ないと思っています。広くステークホルダーとしての理解や目線で、会社の業務執行を行う者が道を誤らないように監視して意見を言っていく存在、それが社外取締役の役割じゃないかと。

坂東　そうですね。私もそう思います。国際経験だったり、起業経験だったり、「あったほうがいいもの」多様な経験を他の人よりもたくさん持っている人のほうがいい、ということはあるかと思います。私自身、同じ会社で何年も社外取締役をやっていると、その会社に情が移って応援団みたいになってしまい、社会から見たらどうかという観点から外れてしまわないか、注意するようにしています。

八田　坂東さんは社外取締役を引き受けられる際、どういったことを条件にされていますか。

坂東　その会社のトップや人事の方とお話をしたときに、「話が通じる相手」だと思えるかどうか、でしょうかね。価値観がぴったり一致する必要はないのですが、私の意見をちゃんと聞いてくださるかどうかですね。

八田　業種は選ばないですか。

坂東　基本的には選びませんが、ＢtoＣは手触り感があるという点でもわかりやすいですね。

女性役員比率「17年後に3割」不実行で「5年後の3割」のツケ

八田　日本で社外取締役の役割が議論されるようになったきっかけといえば、やはり２０１４

年に改訂された日本再興戦略のなかで、稼ぐ力を高めるためにガバナンスの議論が必要だと謳われたことです。本来は民間企業が自発的に議論をすべきものでありながら、日本では国や規制当局主導になった。この点についてはどうお考えですか。

坂東　日本は何かにつけそうですね。男女雇用機会均等法しかり、女性に対する差別撤廃しかり。どちらも現場からの要望はなく、外圧がなければ進んでいなかったでしょう。女子差別撤廃条約を批准しなければ国際社会に対して恥ずかしい、だから、国内でも相応の法律を作らないといけない、という流れでした。その法律が実務に大きく影響を与えないよう、罰則を緩やかにして骨抜きにする。とはいえ、最低限のルールができたことは大きかった。法律は建前を変えてくれます。その建前は、実はじわじわ意識を変えるのです。

八田　日本社会は自主規制という領域が極めて脆弱だと思っています。自主規制というのは自分たち仲間内を守ることが主眼であり、そのためにも、仲間の行動についてダメなことがあれば、法律や規則で禁止される前に規制を働かせて止めさせていくというのが、あるべき姿と思っていますが…。仲間内の傷を舐め合うことが自主規制ではありませんから。

坂東　ところがそうはならず、自分たちの「今」を守る、傷を舐め合う集団になってしまうから、外からの力で揺さぶらないと、前に進まないんですよね。

八田　２０１４年改訂の日本再興戦略では女性活躍推進も謳われました。そこから女性役員の比率3割だとか、クオータ制度（格差是正のために行うポジティブ・アクションのひとつで、マイノリティへの割り当てを強制的に行わせる手法）といった議論が浮上してきました。特に、政府が出した『女性版骨太の方針２０２３』では、２０３０年までに女性役員30％です。坂東さんはその13年前の２００１年に内閣府で男女共同参画局長に就任されて、女性活躍推進の土台を作られました。今の状況をどう見ておられますか。

坂東　女性役員30％は、かなり野心的な数値ですよね。実は私が内閣府の男女共同参画局長だったときに、管理職を念頭に「２０２０年までに30％」という目標値を決定しているんです。そのときも「人材がいないのに30％なんて無理だ」という声が経済界から上がりましてね。「3年以内にと言っているのではありません、17年後ですよ。17年先だったら十分機会を与えて鍛えて、成長してもらうことは可能でしょう。できるはずです」と申し上げたんですが、やっぱり、できなかった。というか、やらなかった。だから、そのツケが回って3年ないし5年で役員3割を女性に、なんていうことになったわけで、リーズナブルな目標値を実行しなかったのが悪いんです。

期待して、機会を与えて、鍛える…女性育成「3つの〝き〟」

八田　機械的に一定割合を女性にというのが、逆差別だという声もありますよね。

坂東　もちろん、機械的に一定割合を女性にということになると、ポストに相応しくない、実力の不足した人がそのポストに就くという現象も起きます。それでも、あまりにも今の割合が歪なわけですから、過渡的な扱いとして意識的な後押しがないと物事は変化しないのではないでしょうか。そもそも組織というところは、男女を問わず押し並べて、有能な人が必ずしも然るべきポストに就くわけではないでしょう？　かなり運に影響されます。有能ではない人が登用されるからと、目くじらを立ててはいけませんよ。

八田　アハハ、確かにそうですね（笑）

坂東　いずれにしても、２０３０年までに女性役員３割、女性管理職３割の流れは変わりません。23年前に内閣府が方針決定をしたときから着手してくれていれば、今ごろは…という思いはありますが、折角、こういう流れになったのですから、今度こそ本気でやってほしい。ちゃんと育ててほしいのです。そのためには、経営者の方には３つの「き」をもって女性を育成してほしいと思っています。

八田　３つの「き」。期待して、機会を与えて、鍛える、ですね。

坂東　私の著書（『思い込みにとらわれない生き方』）をお読みいただいてありがとうございます。経営者の方には、唐突に機会は与えるけれど、それまで期待しないし、鍛えもせず、「やっぱり女はダメだ」などと言ってほしくないのです。新人男性には期待をし、鍛え、機会を与えるのに比べ準備不足です。若いうちからいろいろな経験をしっかり積ませて、「お前ならやれる」と心から応援し仕事をやれるだけの実力を付けさせたうえで、機会を与えてほしいのです。本気で取り組めば5年あれば、できますよ。

八田　５年で可能ですか。

坂東　可能です。たとえば、男女雇用機会均等法第1世代の人たち、もう60歳近くになっています。彼女たちは期待されず、鍛えられもせず、機会も与えられてこなかったけれど、がんばってきた。潜在能力のある方はまだまだいらっしゃいますよ。そんな彼女たちなら、５年もあれば十分です。

坂東眞理子流「大学改革」の奥義

どうして学校法人のガバナンス改革は進まないのか

八田　ところで、坂東さんは昭和女子大学に理事で入られてから今年でまる20年ですね。そこで、大学のガバナンス改革についても、うかがわせてください。実は私、文部科学省の学校法人ガバナンス改革会議に有識者として呼ばれたことがありまして…。

坂東　よく存じ上げてます。八田さんたちが出された改革案に私立大学がものすごく反発して大変でした。確か、社会福祉法人と同等のガバナンス機能を持たせるべきだとおっしゃって、理事会に権限が集中し過ぎているから、評議員会を最高監督決議機関にして、理事会や理事が評議員を選任したり解任したりできないようにすべき、といった案でしたよね？

八田　そうです。ある面では、日本大学の問題を受けてのガバナンス改革議論でしたから、理事長による不正を抑止する機能は必須だったはずなのです。そもそも監督される側が監督する人を選任したり解任したりできるなんて、おかしいです。我々は当たり前のことを言っただけのつもりでした。実際に、社会福祉法人ではもう実施されてるわけですから。でも、反発たるや、とにかくもの凄かった。私大連（日本私立大学連盟）から私大協（日本私立大学協会）、教職員組合に至るまでね。

坂東　ご提案どおりにはならなかったですが、多少なりとも前進はしましたでしょ？

八田　まあ1歩くらいは前進したんでしょうかね…我々は3歩進めようとして2歩下がった感じでしょうか。評議員会は諮問機関のままだし、理事会に強い権限が残ったままであることは事実ですが、合併や解散などに限っては諮問機関である評議員会の承認を必要とするというところまでは認めさせましたから。

坂東　形を整えれば、いずれは中身も変わっていくかもしれませんね。

八田　学校法人は大きい大学だと評議員だけで１００人以上いるそうです。要は名誉職なんですね。民間企業でもバブルの頃までは取締役は名誉職で、大手銀行なんて１００人近くも取締役がいましたからね。ところがその後、それではダメなんだという議論が重ねられて、経営の執行と監督の役割を分離するということが当たり前になったわけです。公益的な組織でも業務執行と監視・監督は分離すべきだと考えたのですが、学校法人は受け入れない。なぜなのでしょうか？

坂東　教育の原点は、立派な教育者が自分の志で次世代の人材を育てるものであり、その志を尊重するという考え方が今も生きているからですかね。学校法人には出資という概念がなく、創設資金は寄付で賄われます。つまり、私財を投げ打った創業者は、株を持つわけではない。あくまでポストを持つだけで、子孫に残せる資産の形にはならないんですね。創業者が亡くなると理事長ポストは創業者の一族に権威もろとも世襲されるので、地方のオーナー大学なんかは、オーナーにみんなひれ伏してしまう。また教育の成果を測る指標がみえにくい。

昭和女子大学が勝ち取った「女子大実就職率トップ」

八田　坂東さんは昭和女子大学には最初、教授、理事で入られて理事長、学長、そして現在は総長をお務めですが、それぞれどういった役割を担っているのでしょうか。

坂東　学長は大学と大学院の教学面の責任者、理事長は学校法人経営の責任者です。教育現場の責任者の呼称は、大学・大学院の責任者は学長ですが、こども園は園長先生、小学校、中学校、高校は校長先生なんですね。そこで、総長は教育現場の責任者に全体を通してアドバイスできるような立場という位置づけで新設し、理事長と兼務していました。自分で作った内規に従って、2022年度限りで理事長職からは退きました。

八田　そもそも昭和女子大学にはどういったご縁で来られたのですか。

坂東　昭和女子大学は詩人の人見圓吉さん（筆名は人見東明）が創設、２代目の人見楠郎さんが２０００年に84歳で亡くなるまで26年間、学長と理事長を兼務する典型的なオーナー経営の学校法人でした。教育方針は〝良妻賢母〟の育成だったのですが、長女で3代目の人見楷子さんは、「これからは仕事をする女性を育成したい」というお考えだったんですね。そこで私にお声がかかった次第です。

八田　２００３年というと、女子大、特に短期大学は厳しい経営状況だったのではありませんか。私は青山学院大学に２００１年に着任しましたが、短大はすでにかなり厳しい状況に追い込まれていましたが。

坂東　そうですね。学校法人全体を支えていた短大が定員割れし経営が苦しくなり、学校関係者のみなさんが強い危機感をお持ちでした。だから、私のような外の人間を受け入れてくださったのだと理解しています。

八田　今、昭和女子大学はどのくらいの規模なのですか。

坂東　学生・生徒数で言いますと、大学と大学院で６５００人、それに附属のこども園、小、中、高校で２５００人いますので、全体で９０００人です。

八田　保育園から大学まですべてが、東京・世田谷のキャンパス内にあるのですか。

坂東　そうです。だから、とても効率的ですよ。中国国家重点大学である上海交通大学とも交流がありますし、1988年にはアメリカ・ボストンにキャンパスを取得しているんです。大学の英語コミュニケーション学科、国際学科、ビジネスデザイン学科の学生たちがそこで半年間合宿をして、アメリカ人の先生に英語と、会計学やファイナンスの基礎も教えていただいています。

八田　坂東さんが着任された頃はもっと小規模だったのでしょう？

坂東　当時は定員割れを起こしていましたから、短大、大学、大学院の合計で今より1700人ほど少ない4800人、そのうちの4分の1に当たる1200人が短大でした。短大は徐々に縮小し、2014年に完全に廃止しました。

八田　この少子化の時代に20年間で学生数が1・3倍に増えたわけですね。具体的にはどんな施策をなされたのですか。

坂東　いろいろ試みました。上手くいかなかったこともありますが、女子大で初めて「ビジネスデザイン学科」を新設したことは成功でした。それと、「女子大トップ」と言われるにはどうしたら良いかと考え、実就職率で最上位を目指しました。これは目下のところ、12年連続トップです。おかげで入学者の偏差値もかなり上がりました。

八田　それはすごい。詳しく教えてくださいませんか。

坂東　学生部の就職課を独立させて「キャリア支援センター」を設置し、学生の就職を全面的にサポートする体制を整えました。最初はなかなか成果が上がりませんでしたが、徐々に実績が積み上がっていきました。

八田　学内で抵抗はなかったんですか。

坂東「女子が働く」と言ったって、どうせ子どもが生まれるまでの2～3年のことなんだから、何もそんな頑張らなくても…そんなことを言う人はいましたね。教員の中にも、企業に足を運んで頭を下げるなんて嫌だという人もいました。だから、「そんなことは先生方にはさせません、職員でやりますから」と言って説得しました。

八田　キャリアコンサルタントのプロを雇用するというようなことはされなかったのですか？

坂東　常勤の職員としてではなく、契約で助言を得るということは随分しましたね。就職に有利な学部を高校生対象のオープンキャンパスでアピールするということもしました。たとえば、会計ファイナンスなどの学科は就職に有利なんですが、高校3年生の女子が会計に興味なんて持つのか、といった声もありました。でも、蓋を開けてみたら、出産を機に退職したというお母さんが娘さんに「会計の勉強をしておくと、将来に役立つ」なんて助言をしていたり、という風景も見られましたね。

八田　私の専門領域が会計ですので、会計の重要性を理解していただけていることは大変うれしく思っていますし、そうした学科を新設された先見性は尊敬いたします。

社会は大学教育に〝もっと厳しい要求〟をすべき

八田　現在、日本には4年制大学が810ありますよね。定員割れしている大学・学部も多く、ざっくばらんな話、私は半分以下の大学数でいいのではないかと考えています。

坂東　私は4年生大学の機能を変えるべきなんだろうと思っています。研究をする、エリートを養成する大学と、良識とスキルを身に付ける、社会人育成の大学です。今後、中堅以下の小さな大学で経営が苦しくなるところがどんどん出てきて、そのなかで危機を乗り越えて再生する大学と、消滅していく大学に二極化するのではないかと予測しています。

問題の根が深いのは、一見、経営的には問題がないように見える大規模な大学ではないでしょうか。ブランド力があるから、受験者、入学者も集まって経営は問題ない。それだけに危機感が乏しいように見えます。しかし、そうしたマンモス大学でしっかり教育が行われているか疑問です。優秀な学生が日本の大学を素通りして海外の大学に行ってしまうという大きな流れにはもっと危機感を持つべきだと思います。

八田　どうしたら良いでしょう？

坂東　教育の成果に対し、社会がもっとチェックを入れる、もしくは厳しい要求を出すべきだと思います。

八田　確かに、日本の企業は大学で学んできたことを、まったくと言っていいほど、評価していませんよね。新卒で採用してイチから、その会社の色に染め上げることを良しとしている。素直で上司の命令に絶対服従する体育会系を好んで採るわけです。

坂東　少子化はますます進みます。これからの10年で大学は本当に変わる、変わらざるを得ないのです。それを社会も評価していただきたい。

八田　アメリカでは、連邦政府機関を含めて教育の質を一元的に評価する機関はありません。そこで、連邦政府や州政府が認定した、民間のアクレディテーション（評価）機関が高等教育の質の保証に関与していますが、日本は、形式的に、一律的な評価をする組織があるという程度ですよね。

坂東　おっしゃるとおりで、日本の場合審査はすごく形式的なんですね。インプットについて、学生と教員の比率とか、学生１人当たりの校舎の面積とかをチェックします。教育した結果、アウトプットとしてどういう人材を生んでいるのかは評価していません。日本の大規模な大学が危機感を持てないのは、厳しい評価に晒されていないからではないでしょうか。

八田　昭和女子大学はいかがですか。

坂東　うちは小規模とは言えないものの、学生を集めるだけのブランド力はありませんから、強い危機感を持って改革しています。お茶の水女子大学が工学部（共創工学部）を作りましたでしょう？　昭和女子大学も以前から作りたくて模索しているのですが、ネックになっているのが、東京23区内で大学定員数を増やしてはいけないという規制。世田谷キャンパス1カ所だけなので、現有定員の中で遣り繰りしなければならない。やっと情報系は特例を認めてもらえるので新学部をつくります。

改革を実行に移すときは、既存のものを変えるよりも、まったく新しいものを作ったほうが抵抗が少なく、上手くいきます。これまでは既存のものを変えずに来たので、上手くいったのですが、今後はそうも言っていられません。今、何とか知恵を絞っているところです。

八田　坂東さんのバイタリティでもって、次世代を担う若者を送り出す機関としての大学作り、心から期待しています。ところで、今も徒歩で通勤をされているんですって？

坂東　そうですよ（笑）。大学の総長が運転手付きの車に乗っていたら、ＳＤＧｓからしても、保護者から学納金をいただいている立場からもまずいんじゃないかって言ってるんです。

八田　恐れ入りました（笑）。今日は本当にありがとうございました。

坂東眞理子氏との対談を終えて

２００６年に出版されベストセラーになった『女性の品格』は、坂東眞理子氏の教育者としての真骨頂を示したものといえる。それは、女性にのみ求められる品格というよりも、まさに人としてのマナーや倫理観、さらには日本人としての礼節を再確認させる啓発の書といえるからである。今回の対談に際して読了した同氏の書『思い込みにとらわれない生き方』では、我々が陥りやすい「アンコンシャス・バイアス」すなわち、「無意識の思い込み」について、きわめて多くの事例を例示しつつ、多くの気づきを与えてくれている。

坂東氏は、２００１年に内閣府男女共同参画局の初代局長に就かれ、女性活躍の時代を先取りする形での議論を展開されてきたものの、実践されるようになるまで、その後、約20年の時を必要としたのである。ただ、女性活躍を推進する前に女性人材を育てることが不可欠であり、そのためには、「期待する」「機会を与える」「鍛える」の3つの「き」が必要だと喝破される。

同氏は、キャリア官僚退官後、昭和女子大学に転身され、学長、理事長そして総長を務めるなかで、同大学志願者を4倍に伸ばした実績をお持ちなのである。大学冬の時代が叫ばれるようになって久しく、すでに複数の短期大学や地方大学の消滅や、女子大学の募集停止等もあり、大学経営の困難さは待ったなしの状態になっている。そのなかで、斬新な構想と企画力を背景に新学部の設置や海外大学との提携等を推進して、時代の要請に応える経営を実践してきており、大学ガバナンスの視点からも、学ぶべき点が多いのである。

こうした多くの貴重な経験を武器に、複数企業の社外取締役として活躍されておられるが、その原点には多彩な好奇心があることを、対談を通じて実感することができた。
同時に、今でも、公共交通機関を利用して、自分の足で行動されているということからも、最新の世の中の事情にも精通されているのではないかと思われる。

（2023年7月記）

冨山和彦

形式と実質に大きなギャップ 日本の「ガバナンス粉飾」を解消すべし…

冨山和彦氏は、金融再生プログラムの一環として、政府肝いりで立ち上げられた産業再生機構でCOO（最高執行責任者）に就任、機構解散後は経営共創基盤（IGPI）を創業し、多くの企業再生支援やベンチャー企業投資を手掛けている。

一方、複数の企業で社外取締役を務め、2022年には日本取締役協会会長にも就任。政府関連委員を多数歴任し、日本のガバナンス議論をリードしてきた。

そんな冨山氏が考えるガバナンス論とは―。

profile

冨山 和彦◆とやま・かずひこ

経営共創基盤（IGPI）グループ会長、日本共創プラットフォーム（JPiX）社長、日本取締役協会会長

1960年生まれ。東京大学法学部卒、在学中に司法試験合格。スタンフォード大学経営学修士（MBA）。

ボストンコンサルティンググループ、コーポレイトディレクション代表取締役を経て、2003年産業再生機構設立時に参画しCOO（最高執行責任者）としてカネボウなどの再生案件に取り組む。解散後の2007年、経営共創基盤（IGPI）を設立しCEO（最高経営責任者）就任。2020年10月よりIGPIグループ会長。同年日本共創プラットフォーム（JPiX）を設立し社長就任。2022年5月から日本取締役協会会長。パナソニック、メルカリなどで社外取締役を務める。内閣官房新しい資本主義実現会議有識者構成員、内閣府規制改革推進会議議長代理、金融庁スチュワードシップ・コード及びコーポレートガバナンス・コードのフォローアップ会議委員など、政府関連委員を多数歴任。

主著に『「不連続な変化の時代」を生き抜くリーダーの「挫折力」』『コーポレート・トランスフォーメーション―日本の会社をつくり変える』『なぜローカル経済から日本は甦るのか―GとLの経済成長戦略』他多数。

企業の新陳代謝を拒んだ日本の「失われた30年」

決して“特殊事例”ではなかったカネボウ事件

八田　冨山さんと言えば、何と言っても産業再生機構です。１９９０年代末期の金融危機で、日本の信用秩序が壊滅的な打撃を受け、企業倒産が相次ぐ中、官製ファンドの再生機構が誕生したのが２００３年。今から20年前です。冨山さんは設立から関わられたわけですが、手掛けられた案件の中で最も印象深い案件は何でしょうか。

冨山　やはり、カネボウですね。カネボウは当時相次いで破綻した日本企業の象徴だと思うんです。

八田　巨額の粉飾が発覚して監査を担当していた中央青山監査法人が解散に追い込まれ、「日本版エンロン事件」と言われました。再生機構はカネボウには途中から関与したんでしたね？

冨山　そうです。当初は花王に化粧品事業を譲渡することで再建を図ろうとしましたが、労働組合の反対で頓挫してしまい、我々にデューデリジェンスの依頼が来たというのがとっかかりでした。

「よくもまあ、あそこまでいろいろやったな」というのが第一印象。不正会計的な行為は10年以上にわたって行われていて、手口も多岐にわたっていて。事業の実態として帳尻が合わなくなっているので、とりあえず会社として存続できるように帳簿をいじっている。あんな操作を長期間続けることができたということ自体が異常です。

八田　金融機関もあの決算書で資金を貸していたわけですよね？

冨山　半分、目を瞑っていたというのが実態でしょう。一言で言えば、ガバナンスがまったく機能してない。役員以下、従業員も銀行も、みんな共犯者になってましたね。

八田　カネボウの粉飾が発覚した当時、財界人たちは口をそろえて「あれは特殊な事例だ」と盛んに言っていましたね。

冨山　ええ。あのときはすべて長年トップに君臨していた伊藤淳二さん（元社長・会長、日本航空元会長）一人の責任みたいに説明する人が結構いたのですが、全然そんなことはなかった。中身を調べれば調べるほど、彼に帰着するものがあまりなくて、〝ムラ〟の調和を最優先する空気が社内を支配していたことがわかりました。

「何でこんな事業をやめないのか？」「何でこんな間違った意思決定しているのか？」などと追及してくと、別に誰が命令しているわけでもなく、何となく決まっていっている。理詰めで考えたら結論は明白なのに、声を上げてムラ社会の調和を乱すようなヤツはとにかく排除する。その意味では見て見ぬフリをした金融機関や監査をやっていた会計士も共犯だと思いましたね。カネボウは財界の人たちが言うような「特殊な事例」じゃなくて、ムラ社会的な空気が社内を支配し、調和を乱す者を排除するから正しい判断ができないという点では、日本企業に共通していると言えるでしょう。

八田　そうですね。1990年代末期の金融危機の時は、ある日、金融機関が突然死のごとく破綻したように見えても、実際には突然でも何でもなくて、病巣の進行を察知しなければいけなかった監査がほとんど機能していなかったということなんですよね。監査法人は共犯とまでは言わないまでも完全に同胞であり、われわれ会計および監査論学者も、当時の会計監査のあり方について適切に意見を言っていたかという点については忸怩たる思いがあります。

冨山　消極的に幇助したというような感じですか。

八田　そうかもしれません。ただ、当時は監査法人にも日本公認会計士協会にもさほど危機感はなく、財界と同様、カネボウはレアケースだと捉えていました。ただ、アメリカでは2001年暮れにエンロン、翌2002年7月にワールドコムが破綻して、同月中にSOX法（企業改革法）が制定されます。それを受けて日本でも内部統制の議論が始まり、2006年に誕生する金融商品取引法に内部統制報告制度が盛り込まれるわけですが、カネボウの粉飾事件はその内部統制の議論をやっている真っ只中で発覚したというのに、ですよ。

アメリカよりタチが悪い日本型不祥事

冨山　当時思ったのは、日本の不祥事はアメリカの不祥事ほどわかり易くないということでしたね。アメリカは経営トップが強い。だから、不祥事を主導した犯人を特定しやすい。でもね、日本の場合はそういう特定の人物がいないからこそ、アメリカよりもっとヒドイことになるんです。特に終身雇用・年功序列型かつサラリーマン経営者の会社でそれはより顕著になる。これはもはや仕組みの問題です。

病巣を早めに詳らかにすることが、本来のガバナンスでしょ？　でも、典型的な日本のサラリーマン経営の会社はそんな自浄作用を寄ってたかって潰しにかかる。それってまさにカネボウのケースそのものですから、特殊でも何でもない。どこの企業にも起こり得ることなんです。

八田　当時、よく「Too big to fail」って言われて、巨大企業は潰すと影響が大きすぎるから潰せないっていうのが延命の言い訳になっていましたね。けれど、冨山さんは、そうした企業に対してもバッサリ一刀両断にしてませんでしたか。

冨山　巨大企業といえども、潰してまったく大丈夫なんですよ。しかし、「潰せないから」と言ってギリギリまで頑張ってしまう。でも結局、ダメなものはダメなんです。ギリギリまで頑張ったせいで傷口が広がり、再生ができなくなって、いきなり破産しか道がなくなる。もっと手前の段階でオーガナイズしたプロセスを組めば再生できるんです。

八田　その点、アメリカはさっさと白旗を上げて連邦破産法11条の適用を受けますよね。例えば、アメリカの航空会社は過去に少なくとも1回か2回かは潰れているでしょう。早く白旗を上げて債務免除を受け、債務者主導の企業再建を果たす。アメリカの場合、法制度が整っているということもありますが、日本は自分たちの責任になるのを嫌がって規制当局が潰すのを嫌がる。金融機関もそうですよね。だから手遅れになるのですが、その意味では当局も銀行も共犯ではないでしょうか。

冨山　まったくおっしゃる通り。社会全体が新陳代謝を前提としない仕組みになっている印象ですね。自由競争である以上、企業には否応なく新陳代謝が起こる。それが本来の姿なんですから、社会全体として企業の新陳代謝を前提とした仕組みを整備すべきだと思いますよ。新陳代謝が起こる前提のアメリカは産業が進化するけれど、新陳代謝に対する準備をまったくしない日本はいきなり船が沈み、産業も進化しないだろう。そう思ってました。実際、平成の30年を通じて、日本経済は進化しなかったですよね。

「構造不況業種」でも立て直すことはできる！

人口減少で見えた「地方バス会社」再生の活路

冨山　公共交通機関の再生については、再生機構時代に3件ほどやりまして、その実績を買っていただいて、その後、話が来るようになったんです。

八田　公共交通機関の再生というのは、民間企業であっても、ごく普通の会社の再生とはだいぶ違うのではありませんか。

冨山　公共交通機関って、地域社会のインフラなので、経済合理性だけで割り切った経営をすることが許されないわけです。だから、人口が急激に減少しているエリアで営業するバス会社などは、もう完全に構造不況に陥っている。ただ、どうにもならなさそうに見えるんですが、これが意外に何とかなるんですよ。

八田　そうなんですか。

冨山　そもそも、かなりひどい経営で、経営者に能力もやる気もない会社が少なくない。人間に例えるなら、むちゃくちゃ不摂生しているわけです。だから、生活態度を改め、人間ドックに行って悪いところを炙り出して、そこをちゃんと治療し、毎日、血圧や体重を測るなどすれば、自ずと健康になります。要は、poorly managedなんですよ。

八田　当たり前のことを当たり前にやっただけでだいぶ改善すると？

冨山　そうです。どうしてそうなるかというと、バス会社のほとんどはオーナー企業なんですね。それも3代目とか4代目とかです。「売り家と唐様で書く三代目」なんて言いますが、なりたくて社長になったわけじゃなくなりゆきで経営している人もいるわけです。自分の親の代まではどんぶり勘定の経営でもどうにかなっていたわけですよ。でも、自分の代になったらどんどん人口が減っていって乗客も減る。乗客が減るから路線を減らして補助金をもらうくらいしかやらない。要は「経営」をやっていないんです。

八田　なるほど。

冨山　ちゃんと儲かっているところと儲かっていないところを分ける化・見える化して、経営資源を儲かっているところに集中し、儲かっていないところはやめる。バスにお客さんが乗ってないのなら、何で乗っていないのかを真面目に考える。当然、今の運行ルート、ダイヤで良いのかも徹底的に見直す。そんな当たり前のことをまったくやってないわけです。

八田　すべてを人口減少のせいにしてはいけないと。

冨山　そうです。例えば、こんなことがありました。路線図を広げて、路線一つひとつのバス停の位置と、その周辺の集落の分布状況をチェックしていた時に「何でこんな外れたところにバス停があるんだ？」っていうケースがあったんですよ。で、古くからいる社員に聞いてみたら、国会議員の誰それ先生の実家に高齢のお母さんが1人で住んでいるから、家の目の前にバス停を作ってくれと言われて設置したって。しかも、その先生自身がもうとっくの昔に政界を引退している。そのお母さんとなると、一体いくつなんだと聞いたら、もう20年くらい前に亡くなっていると言うわけですよ。じゃ、もうバス停は廃止していいよねと。

八田　ありそうな話ですね（笑）

冨山　それとね、意外かもしれませんが、人口自体が減っても高齢化が進むと、お客さんは戻って来るんですよ。

八田　確かに、高齢者の方たちは運転免許の返上もされますからね。

冨山　そうです。だから、ちゃんと人がいるところにバス停を作って効率的に乗車してもらう。バスのロケーションシステムも進化していまして、「ダイナミックルーティング」っていうネットワークシステムを使って、路線バスをオンデマンドで走らせる取り組みも始めています。既存バス路線のバス停とは別にバーチャルのバス停を作って、利用希望者がスマートフォンの専用アプリで出発地、目的地、人数を指定して乗車予約するものです。他の利用希望者や道路の混雑状況などから、ＡＩ（人工知能）が最適な運行ルートやダイヤを決めます。

「よそ者・若者」嫌いが病巣を広げる

八田　なるほど、目から鱗ですね。それが実用化されたら、かなり運行効率が上がるでしょうからね。

冨山　今はツーリズムの時代だから、観光バスもすごい需要が伸びているんです。コツコツとそうした需要も拾っていくと、ちゃんと黒字になります。黒字であることは重要で、お金がない赤字経営での再建はリストラの痛みがより大きくなるわけです。ただ、リストラがうまくいって初めてコスト構造の帳尻が合うケースは必ずやらないとダメだったんですが、ここで結構停滞しちゃっていたのです。でも、今の時代、実はリストラは不要になってきているので、以前よりも格段に経営の自由度が上がってくるんです。

八田　そもそも人手不足だからですか。

冨山　そうです。リストラをしなくていいって、すごいアドバンテージなんです。経営が考えなきゃいけないのは「付加価値労働生産性」を引き上げることだけになりますからね。粗利を人数で割ったものが１人当たりの付加価値生産性。粗利を労働時間で割ったら時間あたりの付加価値生産性。とにかく、この両方を上げていく。これに労働分配率を掛けたものが賃金ですから、1人当たりの付加価値を引き上げると、高い賃金が払えるし、時間あたりの付加価値が高いということは同じアウトプットでも短時間で済むということになります。労働時間が少なくて給料が多いと人が集まります。こうなったら〝勝ちの好循環〟が生まれます。

八田　それは経営の一丁目一番地ですよね。でも、できない。

冨山　経営人材がいないからできないんですが、いないというより排除しちゃっているんですね。地方のみならず、日本社会は「よそ者・若者・バカ者」を嫌うでしょ？　そこにいる人、能力もやる気もない人だけでやろうとする。能力もやる気もある人のことを、能力とやる気があるからこそ嫌う。自分たちの無能さを認めたくないですからね。だから、排除しちゃう。

八田　それ、まさにガバナンスの本質ですよね。

冨山　ホントにそうだと思います。地方で無難なオーナー承継が続いてしまうのも同じ理由によるものでしょう。能力もやる気もない人の方が、みな安心できてしまう。オーナー系なら大義名分も立つ。織田信長の部下になりたいなんて誰も思わないですからね。

八田　それでは今の劇的な環境変化や技術革新にまったくついていけない。ドン詰まっていくわけですよね。

冨山　超長寿企業をみんな、よく持て囃すし、会社自身も自慢するでしょ？　それって、すごい違和感があるんですよ。会社は成長しなきゃいけません。長寿命と成長に相関関係はないから、長寿命自体に価値はないです。むしろ、反比例する傾向にあるように思いますよ。

八田　アハハ、それはまた過激ですね。（笑）

冨山　長寿企業って歴史や前例、成功体験に縛られがちです。だから、成長できない。そもそも、企業ってフィクションだと思いませんか。そこで働いている人はどんどん入れ替わっていく。１００年企業って言ったって、そこで働いて会社を動かしいている人は１００年前からそこで働いているわけじゃない。

八田　まあ、確かにそうですね。戦前は財閥に代表されるように、経営者層は一族で固められていて、従業員はあくまで使用人、もっと言えば、奉公人ですよ。経営層も従業員もひっくるめて「みな家族」なんていう一体感はなかったんじゃないですかね。

一方、戦後昭和の価値観って、愛社精神と終身雇用を美徳としていて、社員みんなが家族。だから、「みんなで支え合おうよ」だった。その結果、１つの会社の中で儲かっている部門が儲かっていない部門を支える。工場内の流れ作業も同じですよね。早くできる人により早くやってもらう環境を整えるんじゃなくて、その余力で遅い人をカバーさせてしまう。

冨山　そんなことをしていると、競争に負けちゃう。みんなが貧乏になってしまうんです。カネボウもそうでした。繊維がダメになったから、化粧品でカバーしようとする。ここまでは許容できるとしても、繊維がますますダメになったら繊維をやめればいいのに、化粧品の儲けで支えようとする。新陳代謝を否定するんですよ。だから、共倒れになって粉飾決算に走る。

八田　その点、教育現場も明らかにそのパターンでしょうね。悪平等的な教育がもてはやされますから。そのため、伸びる学生を伸ばさないし、ダメな人も結局はフォローしきれない。

“お飾り社外取締役”を選ぶ日本企業の「ガバナンス粉飾」

ＪＡＬ再生「利権構造」を会社更生法で一掃

八田　冨山さんはＪＡＬ（日本航空）の再建にも関与されましたね。私は会社更生手続きが終結した2012年から8年間、ＪＡＬの社外監査役を務めましたが、冨山さんはまさに更生法申請の前後ですよね？

冨山　2010年1月の更生法申請までのところで関わりました。表舞台では前原誠司・国土交通大臣、裏舞台では財務省から声がかかってデューデリジェンスに入ったのが2009年の9月です。ＪＡＬの経営がおかしくなったのは直接的には2008年9月のリーマンショックでビジネス需要が激減したことなんですが、病巣はそのずっと以前から抱えていて、よくもまあ、あれだけ長期間にわたって何もせず放っておいたもんだと思うような状況でした。

まずヒト、飛行機、路線のいずれもが3割多い。つまり、固定費が3割も多い。それと一番呆れたのは、2カ月後の2009年11月中旬に、資金繰りが本当に完全ショートするということでした。燃油も買えない、銀行に金利も払えない、税金も払えない。空港の離発着料も払えないから、海外に飛んだ飛行機が戻って来られなくなる。それでも、幹部たちはどうにかなると思っている。

八田　政府が何とかしてくれると？

冨山　そうです。これまでもなんだかんだ言っても、最後は何とかなったんだからと。でも、もうどうにもならないところまで来ていた。返済のメドが立たないカネなんて、どこの金融機関だって貸せるわけがない。とにかく11月12日までに資金を調達しなければいけない。そうしないと、飛行機を飛ばせられなくなる。そうなったら収入はゼロです。だから、航空会社の再建をする場合、飛行機は飛ばし続けないとダメなんです。サメやマグロが泳ぐのをやめたら死んじゃうみたいなもんです。スイス航空（２００1年破綻）やパンナム（パンアメリカン航空、１９９1年破産）が再生不能になってしまったのは、飛行機を飛ばせられなくなったから。ああなったら終わりです。

しかも、当時はリーマンショックの直後だったんで、民間の資金の出し手がまったくいなかった。じゃあどうしようかと。ちょうどリーマンショックで傷ついた中小企業を支援するというコンセプトで、官民共同出資のファンド、企業再生支援機構が発足したところでしたから、ここを頼ろうと。ただ、すぐに申請しても実際に資金が出るのは年明けだっていうので、それまでのつなぎのローンを調達しないといけない。そこで事業再生ＡＤＲ（裁判外紛争解決手続き）を申請して、金融機関がブリッジローンを出しやすくしようというシナリオを国交省、財務省と描いていたんです。

八田　それが会社更生法に代わったんですね。

冨山　そうです。再建計画に固定費の３割カットは必須条件ですが、リストラは労働組合が強すぎてムリ、飛行機と路線は運輸族の利権の温床だからそこに手を突っ込むのはムリ、結果、長年放置されてきたわけです。これを実行しようというのに、強制力がない事業再生ＡＤＲではかなり無理な話。「もっと強権が発動できる方法じゃないと」ということで、会社更生法となりました。

八田　事業管財人に京セラ創業者の稲盛和夫さんを起用したのは冨山さんの案ですか。

冨山　そうです。何しろＪＡＬの社員だけでなく、これまでＪＡＬの利権に群がっていた人たちがおとなしく言うことを聞くくらいの人じゃないとダメだと考えたんです。それに、〝喉元すぎれば何とやら〟の懸念がありました。企業再生支援機構の出資が入って資金繰りが回り出したら、社員たちは間違いなく元の体質に戻ってしまう。そうならないように睨みを利かせられる人と言ったら、稲盛さん以外、考えつきませんでした。

八田　稲盛さんはすんなり引き受けてくれたんですか。

冨山　いえいえ、最初は固辞されましたけど、最後の一押しは官邸に頼みました。当時は民主党政権で、稲盛さんは民主党の大スポンサーでもありましたから。

八田　稲盛さんの後任として2012年に社長に就任したのはパイロット出身の植木義晴さんでした。植木さんに白羽の矢を立てたのは稲盛さんですか。

冨山　そうです。JALって歴代社長はみんな経営企画系、総務系、財務系といった、いわば〝社内官僚〟でした。政治家や官庁、労組の方ばかりを向いて仕事をしていて、まったく利用者の方を向いていなかった。だから、パイロットとかCA（キャビンアテンダント）とか、地上職、整備士など、とにかくお客さんと向き合ってる人じゃないとダメだというお考えでした。

〝説明〟せずに〝従う〟に逃げる日本企業のガバナンス

八田　冨山さんは2022年5月に日本取締役協会の会長に就任されました。2001年の設立以来、20年間会長を務めてきたオリックスの宮内義彦さん（シニア・チェアマン）からバトンを手渡されたわけですが、社外取締役の最大のミッションは何だと思われますか。

冨山　やはり、社長の任命に関与するということだと思いますね。会社の要諦はトップマネジメントが機能しているかどうか。執行のトップが機能しているかどうかを見極めて、機能するトップを任命するのが社外取締役の仕事の中で最も重要なものだと思います。

八田　私もまったく同意見なんですが、そういう知見を持った人が社外取締役に選任されているものでしょうか。

冨山　そこは、まぁ、あんまりいないでしょうね。そんなこと本気でやりそうな人は、社外取締役になってくれなんて言われませんよ（笑）。

八田　でも、冨山さんは社外取締役に就任してほしいって結構頼まれているんじゃないですか？

冨山　いえいえ。私はトップの指名に関われないなら引き受けませんし、見るからに本気でやりそうでしょ？　だから、あまり声はかからないですよ（笑）。

八田　危険人物と思われているのでしょうか（笑）。ただ、冨山さんはトップ選びにかける時間について、半年や1年じゃダメだとおっしゃっていますね。

冨山　どんな組織でもトップが最強の権限と最大の責任を負う人ですから、最も難しい人事です。時間をかけないと、人物を見極められません。

八田　そういうことを理解している社外取締役ってどのくらいいるのでしょうか。指名委員会の任期も1年でしょう？　実際には再任されて何年もやるわけでしょうが…。

冨山　逆説的ですが、指名委員会はトップの解任請求もできるわけですから、会社にとって社外取締役をどうやって選ぶかはとても重要です。

八田　ただ、二言目には「社外取締役に値する人材がいない」と言われる。社外取締役はこうあるべき、という厳しいことを話すと、「八田さん、そんなこと言ってたら誰も引き受けなくなりますよ」って言われてしまいます。

冨山　いや、それでいなくなるなり手って、社外取締役の役割を全うする気がない、小遣い稼ぎでやっているだけの人たちなんだから、八田さんのように厳しく言うのがちょうどいいんですよ。そもそも、本気で探してない会社というよりは、本気で職務を全うしようとするような人を内心嫌がっている会社が多すぎる。

本気にならないでくれて、それなりに見栄えのする肩書で…そんな条件で探すから60歳以上のおじいさんばっかりになるんです。30～40歳代に広げるだけで、経営の経験があって、社外取締役の職務を全うできる優秀な人材が男女を問わず、たくさんいます。世界に目を向ければもっと人材はいますよ。

八田　何社も兼務している人に、さらに自社の社外取締役を頼みに行く会社って、そのあたりのホンネが透けて見えますね。

冨山　そういう人には会社の事務局側が「ご迷惑はおかけしませんから」とか言って頼む。受ける方も「何かあっても責任はとりませんよ」なんて言っている。でも、それって会社の仕組みをまるでわかっていないってことでしょう？　会社法はそんなこと、許していないんだから。

経営者ＯＢなのに、そういうことを言う人って結構いますよね。そんな人を社外取締役にして、形だけ整えたフリするの、私は「ガバナンス粉飾」って呼んでます。

八田　そういえば、西武鉄道の有価証券虚偽記載（２００４年）の際、堤義明さんが「西武鉄道がどうして上場しているのか、わからない」って言っていましたね。上場会社のトップの発言とは思えない発言でした。

冨山　今なら、そういう経営者がいる会社はアクティビストに狙われるんですがね。アクティビストは経営者にスキがあるところを狙ってくるわけですから。

八田　逆に狙われたらショック療法になるんじゃないですか。

冨山　私もそう思いますね。

八田　ところで、ダイバーシティの問題についてはどうお考えですか。女性役員の人数を増やさないといけないというわけで、これまたみんな横並びで学者やアナリスト、あるいは元アナウンサーを起用したりしていますね。男女間での逆差別になっていませんか。

冨山　日本はジェンダーのインバランスが酷すぎるから、女性にばかり光が当たるわけですが、求められているのは多様性なんですよね。だから、女性比率が低くても、ウチの取締役はこんなに多様性がありますって説明ができればいいのにって思いますね。

八田　「コンプライ・オア・エクスプレイン」と言っても、説明（エクスプレイン）せずに遵守（コンプライ）に逃げてしまう。いかにも日本的ですよね。コーポレートガバナンス・コードで社外取締役を必置とするかどうかの議論が浮上した時は、経団連が猛反対したでしょ。人材がいないのだから、コードには従えないと。でも、フタを開けてみたらコンプライ率は９割ですよ。イギリスはせいぜい５割とか６割とかでしょう。横並び意識が強い日本ならではの現象ですね。

冨山　日本のガバナンスは形式と実質にものすごくギャップがあります。ただ、ギャップがあるという議論が出ることはすごく良いことだと思います。議論があるということは、ギャップを埋めようとする動きが出てくる。覚悟と意志を持った人を社外取締役に起用する会社が増えてくれば、ガバナンス粉飾は自ずと減っていくと思います。

八田　大変参考になりました。どうもありがとうございました。

冨山和彦氏との対談を終えて

冨山和彦氏の名前が広く知れ渡ることとなったのは、2003年に立ち上がった産業再生機構の代表取締役として、カネボウ等、過大な債務を負っている事業者の再生支援に辣腕をふるい、官製ファンドの支援機関として大きな実績を残したことによるものであろう。

その後、自ら、経営共創基盤を新設し、本質的に付加価値のある事業への投資や経営を行うということで、多くの不採算事業の再生に成果を出してきているのである。つまり、同氏の真骨頂は、持続可能な組織の構築と適格性を備えた経営陣の選任こそ、健全なガバナンスの原点であるということを、自身の経営の現場で体現してきていることである。

冨山氏と初めて会ったのは、産業再生機構の斉藤惇社長らと一緒に、会計制度監視機構で、会計および監査制度の課題等について議論をしていた時である。同氏の発言は、常に明快で、説得力のある内容になっていることから、会議の場で学ぶべきことは非常に多い。ただし、とても早口で話されることから、一時たりとも聞き逃さないようにするには、聞く側においてもかなりの忍耐が求められるのである。

同氏は、大学で法律を学んだあと、米スタフォード大ビジネススクールで経営を学ばれているが、その際、会計学の基礎ともいえる簿記会計の基本を習得することが、経営にとっていかに重要かを再認識されたとの逸話は有名である。

そうした背景もあって、わが国の大学改革の場面でも、ビジネス系の学部では、経済や経営の高等な理論を学ぶよりも、簿記会計を必須にすることの方が、よほど、人材育成には適っていると喝破されていることには快哉を送りたい思いである。

２０２２年より、宮内義彦氏の後任として、日本取締役協会の会長に就任されており、日本企業のガバナンス向上に向けた旗振り役として、その活躍が大いに期待されるのである。今回の対談でも、多くの点で歯に衣を着せない冨山節を伺うことができたものと思っている。

（２０２３年９月記）

磯山友幸

日本企業の弱点は「プロ経営者」の不在
次の社長の選定システムが課題

経済ジャーナリストで千葉商科大学教授の磯山友幸氏。

日本経済新聞の記者としてバブル期における日本企業の乱脈経営の取材を皮切りに、主にマーケット、会計制度などの分野で表裏両面から日本経済の「失われた30年」を取材してきた。

そんな硬派ジャーナリスト、磯山氏の考えるガバナンスの実相とは—。

profile

磯山 友幸◆いそやま・ともゆき

硬派経済ジャーナリスト、千葉商科大学教授

1962年東京生まれ。早稲田大学政治経済学部卒業。日本経済新聞社で証券部記者、チューリヒ支局長、フランクフルト支局長、日経ビジネス副編集長・編集委員などを務め2011年3月末で退社、経済ジャーナリストとして独立。

経済政策を中心に政・財・官を幅広く取材しながら、「現代ビジネス」「プレジデントオンライン」「フォーサイト」等で執筆活動を行っている。

また、2021年4月から千葉商科大学教授に就任。

著書に『国際会計基準戦争・完結編』『ブランド王国スイスの秘密』『破天荒弁護士クボリ伝』など。早稲田大学政治経済学術院非常勤講師、上智大学非常勤講師、静岡県〝ふじのくに〟づくりリーディング・アドバイザーなども務めた。

ガバナンス敗戦「失われた30年」の取材風景

取材の原点はバブル不祥事と国際会計基準

八田　磯山さんとは日本経済新聞の記者だった時に取材を受けて以来、ずっとお付き合いをさせていただいています。現在も〝硬派ジャーナリスト〟として、そして大学教授として活躍されていますが、ガバナンスに強い関心を抱かれたのには、どういう経緯があったのでしょうか。

磯山　僕の記者人生というのは、今で言う「ガバナンス」の問題と一緒に歩んできたようなところがあります。日経に入社したのが1987年で、最初に大阪に配属されました。まさにバブル経済真っ盛りの時期。特に大阪では酷かったのですが、いわゆる裏世界の住人たちが表に出て来て、企業にどんどん侵食していった。代表取締役の座を簒奪したり、手形を乱発してその会社の不動産を売却したり…。仕手筋などが帳簿閲覧権行使や株主代表訴訟など、商法などの知識をフルに使って上場企業を食いものにしていくのを目の当たりにしました。

八田　当時の経営者からすると、想定外のでき事だったかもしれませんが、そもそもはマーケットの問題。株式を取得した以上、誰にでも株主の権利があって、どうやって株主に利益還元をしていくかということです。ただ、バブル期以前の日本の経営者にはその点で危機意識がありませんでしたよね。シャンシャン総会に象徴されるように、慣れ合いの中で経営がなされてきたので、裏社会の住人たちが直接的に企業を侵食してくることに免疫がなかった。

磯山　そうですね。当時、社長は企業においてオールマイティーで、何でもできるという感覚がありました。一方で、株式の持ち合いなどがあって、株主も形式的な存在でしかありませんでした。ガバナンスの議論などまったくなくて、「社長がすべてを決められるのが会社だ」というのが当たり前の時代。それに目をつけたのが裏社会で、代表取締役の判子さえ押されていれば何でもできる。そうやって上場企業で不祥事が相次ぎました。

要は「ガバナンス不全」が原因だったわけです。そしてバブルが崩壊すると、ガバナンスをめぐる議論が少しずつ出てきた。１９９２、１９９３年頃からでしょうか。その頃からいよいよ日本にもガバナンスという考えが入ってきたという雰囲気ですね。

八田　バブル崩壊で元気の良い日本企業がいなくなってしまい、新たな課題が、国際社会から日本に突き付けられました。そのひとつが日本の会計基準の問題です。実際、国際的な視点から見ると、あまりにも日本の会計基準は世界の流れに乗り遅れていた。その会計基準について、磯山さんは早い段階から注目されていましたよね？

磯山　はい。僕が会計基準に関心を持ったきっかけは白鳥栄一さんです。1993年、日本人で初めて国際会計基準委員会（IASC）の議長を引き受けたという人で、「ミスター国際会計基準」とも呼ばれた。白鳥さんは1998年に亡くなられるのですが、「このままだと日本は沈む」と常々おっしゃっていました。日本は「ジャパン・アズ・ナンバーワン」と言われ、日本企業は最強だと思っているけど、それは〝物差し〟が違っているから強く見えるんであって、世界標準に合わせたら、実は日本経済は強くないかもしれない。そういうお考えでしたね。ただ、当時、経済界も行政も国際会計基準には見向きもしていませんでした。

八田　世界と同じメジャーを使わなきゃいけないのに、日本だけ違うメジャーで測って対等だという議論は通らないと。これはわれわれ学界から見ても、非常に斬新だったわけです。というのも、日本の会計の世界は、「会計基準というものは実務の中から慣習として発達したものを要約したもの」ということで、情緒的に会計基準を議論していました。そういったものでなくて、必要なのは〝客観的な物差し〟なのだと。これはまさに会計の世界ではパラダイムの転換に近いぐらいに刺激的でした。ただ、残念ながら、それは当時としては小さな声に過ぎなかったのですが…。

磯山　会計基準については、日経新聞の中でも関心を持っているのは証券部（現金融・市場ユニット）くらいでした。産業部（現ビジネス報道ユニット）とか経済部（現政策報道ユニット）

は企業寄りだったり、政治寄りだったりしますが、証券部はマーケットに軸足を置いている部署。だから、マーケットで日本の株価が歪んでいるんじゃないか、何でこんなに日本企業の株価だけ下がるのかとか、そういった議論の時に、やはり会計基準ってのは重要だと。証券部のみんながそう感じていましたね。

八田　日本市場の在り方の見直しという日本版ビッグバン構想、これが1997年です。バブル崩壊後、20世紀最後の1990年代は「失われた10年」で幕を閉じましたが、それが10年で終わらず、平成年代を通して20年、30年と続きました。どこに一番の原因があったと思いますか。

磯山　1995年くらいから企業不祥事が頻繁に起きましたよね。1996年に阪和銀行が戦後初の業務停止命令を受けたり、翌97年には山一證券が自主廃業したりと、次々と日本企業、特に金融機関がバブルの負の遺産で追い詰められていくわけです。なぜこんなことになったのか。

日本企業の決算書とか、ディスクロージャーとか、いわゆるガバナンスの基礎となるツールが全部歪んでいるというのが世の中の共通認識になってきた。だからこそ、逆に会社制度や会計制度を見直さなきゃいけないという制度の議論が動き出した。やはり、きっかけはバブルの後遺症に端を発する企業不祥事ですよね。でも、不祥事を受けて制度を変えようという動きが起きるのは、アメリカでも、イギリスでも同じではあるのですが…。

八田　日本という国は、戦後も欧米社会に追いつけ、追い越せというふうに来ましたが、会社の法的な仕組みとか、会計の基準はそれなりに歴史を持っているわけです。たとえば、会社法の歴史は明治時代の商法から始まって今日に至っているし、会計基準も戦後のものながら、一応、国内でずっと培ってきた。だから、国際会計基準と言われても、「日本にはちゃんとしたものがあるではないか」との反発が生じることになったのです。

磯山　まさにそうだと思います。僕などが日本の会計を国際基準に合わせるべきだという記事を書くと、「いや、日本には日本の伝統がある」「日本の会計基準のほうが正しい」という反論をよく受けましたね。僕は、会計基準は最初から〝ゲームのルール〟だと考えているわけです。ゲームである以上、ルールは力の強い者によって変えられる。ある意味で「戦争」と同じで、「ルールは正しいかどうかではない」と申し上げましたが、著名な学者の先生方は正しいかどうかにこだわっていて、なかなか議論が噛み合いませんでしたね。

ジャニーズ、ビッグモーター「銀行は何をしていたのか」

八田　ところで、先ほど磯山さんがおっしゃった通り、日本におけるガバナンス議論の直接的なきっかけは企業の不祥事です。しかし日本では、「不祥事を起こす企業は、4000社弱もある上場企業の中のごく一部の企業であり、そう目くじらを立てることではないではないか?」という認識の人も多い。他方、海外に出ると、2015年の東芝の粉飾決算などは「日本を代表する世界的な企業がこのレベルか?」となります。このあたりの国内外の認識の違いについては、どう思われますか。

磯山　僕は「腐ったリンゴの議論」と言っていますが、結局、リンゴ箱の中に腐ったリンゴが1個でもあると全体が腐ってしまう。不祥事を起こした1社だけを上場廃止にするのはかわいそうだという見方がありますが、腐ったリンゴを排除することは絶対に必要なのです。だから、ガバナンスを考えるうえで「1社だけの問題だからいいではないか」という議論は絶対にしてはいけない。そういうお目こぼしをやると、業界、そして日本の企業社会全体が信頼を失うことになりかねません。

八田　そもそも、従来、不祥事として想定されていたのは会計不正、すなわち粉飾決算です。あるいは会計以外の上場企業による独占禁止法違反や談合、データ不正といった企業不正も発覚しています。しかし、近年、この「不祥事」という言葉自体が多様化して、あらゆる組織、あらゆる領域で多様化した不祥事が発生しています。そのような意味で、最近のビッグモーターとか、ジャニーズ事務所の不祥事についてはどう考えられますか。

磯山　これらは上場企業ではありませんが、なぜ、かくもこうした大きな会社になり、社会的に影響を及ぼす企業になってしまったのか。やはり、銀行による融資が成長の原動力になったわけで、そういう意味で銀行は貸し手責任を負っています。ただし、高度経済成長期は銀行による金融のガバナンス機能が働いていたのに、低金利のこの時代、それが効かなくなった。結果、ビッグモーターのように、事実上1人の株主があれほどの規模の会社を全部支配できるようになってしまったのだと思います。

一方のジャニーズは決算書の中身が全然出てこないので、どういう状況かわかりませんが、運転資金などを含めて銀行が資金を融資しているのは明白です。だから、銀行からは「看板（社名）を掛け替えてくれないと融資できません」っていう話があって然るべき。しかし、融資元である金融機関の名前すら出て来ません。メディアもその点をもっと批判したほうがいいんじゃないですか。

八田　「ガバナンス」という言葉が日常的に使われていますが、本来、所有と経営が分離された上場企業を中心とした問題です。ところが、ビッグモーターとジャニーズ事務所は非上場にもかかわらず、社会性・公共性は高い。だから、誰かが監視しないといけないわけですが、その体制はあまりに脆弱ですね。

磯山　ビッグモーターは会社法上の「大会社」（資本金5億円以上または負債200億円以上）

なので、本来は会計監査人の監査を入れる必要がありました。でも、法的に抜け穴だらけで、有名無実になっている。かつて地方の大手同族企業が倒産した際も、大会社なのに会計監査人が入っていませんでした。しかも、メインバンクは、本当なのかわかりませんが、知らぬ存ぜぬでしたね。やはり、監査制度を立て直す議論が必要ですが、そういう雰囲気が薄いのは残念です。

トップ万能主義が「ガバナンス」を蝕む

ガバナンス「仏作って魂入れず」の企業も

八田　ガバナンスというと、どうしても仕組みについての議論が中心になります。そこで出てくるのが、日本型の監査役制度は国際標準ではないという指摘です。そして、指名委員会等設置会社で執行と監督を分離させる流れが出てくるわけですが、上場企業4000社弱のうち、指名委員会等設置会社に移行しているのは100社にも届かない。上場企業の機関設計をどのように見ていますか。

磯山　指名委員会等設置会社にしたくないというのは、やはり、人事権を握っていないと自分が会社をコントロールできないと思っている経営者が圧倒的に多いからでしょう。本当はそんなことはなくて、きちんとガバナンスの仕組みさえでき上がっていれば、自分の後任社長が誰になるかとは関係なしに経営者としての自分がきちんと評価されるはずです。

八田　一方で、日本企業の場合、形だけのガバナンス議論で満足してしまって、そこに魂が入っていないのではないかという懸念があります。結局、上場廃止になる東芝が指名委員会等設置会社であったことは有名な話ですね。

磯山　おっしゃる通りです。やはり、魂を入れることを覚悟した会社でないと制度は使いこなせません。特に日本みたいに指名委員会等設置会社以外にも、従来の監査役会設置会社、折衷型の監査等委員会設置会社と、何でも選べるみたいな制度があると、結局は緩いほうへと行ってしまう。だから、ガバナンスの制度議論は難しくて、制度をどのように使いこなすかは、その会社の姿勢によるところが一番大きいと思いますね。

２００３年に当時の委員会等設置会社に移行した東芝のケースはアコギで、実力会長が外部の素人を委員にして、自分が指名委員長に就いた。そして、現役の社長が後継者を指名する慣例を破って、自分が任命権を握ってしまったのです。これが東芝のガバナンスがおかしくなった一番の原因でしょうね。

八田　企業・組織のガバナンスを監視するという意味では、メディアの果たす役割が大きいと思います。ただ、実態に踏み込んでいない報道も多いですね。

磯山　これまた東芝の話になりますが、東芝っておそらく、某自動車会社に次いで2番目か3番目に広告出稿量が多かった会社なんですよね。そんな大口スポンサーを真正面から批判するような記事など書けないという雰囲気があったのかもしれません。だからなのか、どこかの新聞は最後の最後まで「不適切会計」と書き続けて、粉飾という言葉も、不正会計という言葉も、ついぞ使わず仕舞いでした（苦笑）。それこそ、粉飾に決まっているのに。

八田　「不適切会計」をどうやって英語に訳すのかという話も出ましたね（笑）。

磯山　やはり、メディアの経営が安定していないと、批判もままならなくなってしまいます。ますます厳しい経営環境になっているのは間違いありません。

八田　株主による経営監視という意味では、今ではアクティビスト（物言う株主）によって会社の屋台骨が揺さぶられる時代です。ひと昔前までは国を挙げて排除しようという動きがありましたが、今では、まともな株主提案を行うアクティビストも増えています。この動向をどう評価されていますか。

磯山　これは2014年制定の日本版スチュワードシップ・コードの効果ですよね。真っ当な趣旨の株主提案が出たら、機関投資家も賛成せざるを得なくなったのが時代の流れです。提案の出し手がアクティビストであろうが、年金基金であろうが関係なくて、その中身が正論かどうかということで評価しなくてはならない。逆に、会社側の提案だからと、無批判にマルを付けることはできなくなった。その効果は非常に大きいですよね。

八田　そういった株主の提案に立ち向かうには、いわゆるプロの経営者が必要になりますよね。社長が好き嫌いで後任を選ぶようでは、およそ太刀打ちできないでしょう。

磯山　そうですね。そういう意味では、次の世代、次の社長の選定システムみたいなものを、どうやって作るか。これが日本企業最大の課題になっていていますよね。問題は選考システムです。指名委員会等設置会社に移行せずに、選考組織みたいなものを別途設けている会社も増えてきています。しかし、最終的には指名委員会等設置会社に移行して、外部の人が次の社長を選ぶということになるのではないですか。

八田　人は誰でも、自分を指名して社長にしてくれた先輩に対して足を向けられないものです。しかも、前社長は会長として、前会長は相談役…というふうに会社に残り続けます。だから、現役の社長に自由度がない。先達の負の遺産や不採算部門を切り捨てることもできない。こういう問題を払拭することができる、そのひとつの手段が指名委員会であり、後継者育成のサクセッションプランなのでしょうね。

磯山　日本企業の最大のウィークポイントは、プロの経営者がきちんと経営していないということです。ただし、プロの経営者を登用するにはガバナンスが必要になります。その人が横暴になってオールマイティーになったら困るので、ガバナンスを効かせるというわけです。

だから、プロの経営者を入れる決断をした瞬間に、ガバナンスを猛烈に強化するという方向に行くはず。今はちょうどそういう過渡期なんだと思いますね。実際、勝負していかないと会社は生き残れないというのが、だんだん日本企業の共通認識になっている。そうである以上、外部人材が必要となる一方、その人を制御する意味でガバナンスが必要になります。これが企業経営の両輪ではないでしょうか。

乱脈のバブル期と重なる「学校法人」ガバナンス

八田　最近、日本で問題になっているのは、非営利組織あるいは公益法人のガバナンスの問題です。直接的な使命が儲けることではない社会福祉法人や医療法人や学校法人…社会貢献に関する業務を担った法人形態、これがどうもうまく機能していない。磯山さんは今、大学の教員も務めていますが、学校法人のガバナンスの実態、これについてどういう評価をされますか。

磯山　学校法人の今の状況というのは、駆け出し記者時代、バブル期の大阪で見た原風景と大いに重なりますね。何が一番問題かと言うと、理事長がオールマイティーになっていることです。そうなった理由は、「大学が誰のものか」という問いに答えがないから。株式会社をめぐっても「会社は誰のものか」という議論がありますが、種々のステークホルダーがいるものの、一応、株主のものではある。そこが大学はもっと難しいのです。

八田　大学の主権者は誰だということですよね？

磯山　誰の声を聞かないといけないか、ステークホルダーは誰なのか、誰の利益を最大化することなのか。「学生の利益を最大化する」とは言いますが、理念的にはわかるけど、それなら、学生に経営してもらいますかという話になるわけです。ただし、アメリカの大学などを見ていると、最後は資金を出す人がガバナンスをするべきという考え。やはり本来は、OB・OGに寄付金を出してもらって、それで大学経営をするというのが正しい姿ではないでしょうか。

八田　もともと日本の私立学校は財団法人でスタートしたわけです。つまり、資金を持っている人がお金を拠出して、そして、自分たちが期待する教育理念のもとにおいて、学校を創っていった。だから、創業者、あるいは創業家出身者に絶大な権限があります。

磯山　理事会の諮問事項があったら答えてくださいということで、評議員会が設置されているのですが、実際の学校運営を行っているのは理事長ポストにある創業者やその一族です。一応、同族で理事会メンバーを独占してはいけないというふうにはなっていますが、理事長ポストを握っておけば、オールマイティーというのが実情です。

八田　資金を出した理事長からすれば、文句を言われる筋合いはないとなる。ところが、学校法人で不祥事が起きると、やはり、誰かが監視・監督をしないといけないとなる。しかし、制度上は、性善説的発想で組織を運営しているわけです。そのため、不正なんて発生するわけがないということで、改革に本腰を入れる流れがなかなか起きてこないのが実情です。

磯山　少子化時代において学校法人、とりわけ大学がこれから勝ち抜くためには、ガバナンスをきちんと強化していかなきゃいけないというのが、ひとつの結論でしょう。ただ、当の学校法人が、それをわかっているのか。要は、ひとえに経営をやる側の考え方次第。ただ、学校の最大の問題は、経営そのものがないことです。誰が経営しているのかもわからない。理事長自身も自覚しているのかどうか…。

八田　健全なガバナンスというのは、その組織の競争力強化の一環です。ただ、それが見方によっては、単に締め付けを厳しくしたんだろうということになる。だから、企業であれ、非営利法人であれ、トップレベルがガバナンスは見せかけではなく、本当に強化すべき問題だと心底思わないと、実際に改革なんてできません。しかし、改革は痛みを伴う。日本人はそういうことを避けたがります。そういう意味で、ガバナンス強化は一筋縄ではいかないでしょうね。最後に、磯山さんご自身の今後のテーマは何でしょう?

磯山　繰り返しになりますが、当面は大学経営、そしてガバナンスの在り様をきちんと見ていきたいですね。駆け出し記者時代に見た〝社長万能主義〟の企業経営と重なることは先ほど申し上げた通りですが、これから、外部から理事会に乗り込んだ不動産目当てなどの連中に、学校法人が食い物にされる事案が増えていくでしょうし、実際にそのような事態が起きています。大学教員という当事者として、そして記者として、複眼的に大学のガバナンス問題に取り組みたいです。

八田　教育界にいる私としても、大いに関心のあるところです。ありがとうございました。

磯山友幸氏との対談を終えて

1990年代初頭、磯山友幸氏が日本経済新聞の気鋭の記者として、会計および監査周りの取材をされていた時に、元日本公認会計士協会会長の川北博氏の紹介で出会うこととなった。同氏は、当初から、「会計」とは企業の「強さ」を測る方法のことであり，その強さを図る具体的なモノサシが「会計基準」であるとの理解から、会計基準は、正にビジネス社会のルールであると喝破していたのである。

しかし、わが国の場合、会計教育の現場でも、会計基準は「実務上の公正な会計慣行」ということで、帰納法的に制定されるものだとの理解が浸透しており、世界共通のモノサシである国際会計基準の受け入れ対しては、多くの拒絶反応を示していたのである。こうした否定的なわが国の対応に警鐘を鳴らすべく、同氏が上梓したのが『国際会計基準戦争』（日経BP、2002年10月）であったが、結局は、その後の国際会計基準設定プロセスにおけるわが国の存在感および影響力は著しく低下し、かつ、国力の低下もあり、周回遅れの会計基準に対する批判が増幅していったのである。

磯山氏は、折に触れ、わが国の会計および監査制度に対する信頼性の向上に向け、多くの傾聴に値する提言および主張を行ってきている。私自身、そうした問題提起の延長線上で、当然のように、健全な企業ガバナンスの在り様などについて取材を受ける立場にあったことから、互いに刺激を受け合う関係が続いているのである。

磯山氏は、フリージャーナリストとして、会計・監査・ガバナンスの問題に限らず、地方創生や事業承継問題、更には次世代後継者育成等についての提言も多い。また、現在は、大学教員として、ビジネスリテラシーの一環としてのガバナンス論の講義も担当されており、ガバナンスに関する基礎教育の重要性を体得されているものと思われる。

今回の対談でも、30年近い我々二人の交友期間を振り返りながら、多くの点で刺激を受ける話を伺うことができた。

（2023年10月記）

久保利英明

企業のガバナンスの改善に比して、日本では国家のガバナンスが機能していない

企業法務の世界で知らぬ者はいない久保利英明氏。

半世紀超に及ぶ弁護士活動は「日本企業のガバナンス史」そのものと言える。

日本ガバナンス研究学会会長も務める久保利氏が考えるガバナンスの過去、現在、そして未来とは—。

profile

久保利 英明◆くぼり・ひであき

日比谷パーク法律事務所代表弁護士、日本ガバナンス研究学会会長
1944年埼玉県生まれ。1967年東京大学在学中に司法試験合格。68年東大法学部卒業。1971年弁護士登録、森綜合法律事務所（現・森・濱田松本法律事務所）入所。

1998年日比谷パーク法律事務所を開設。2001年度第二東京弁護士会会長、日本弁護士連合会副会長。2009年一人一票実現国民会議共同代表。2014年第三者委員会報告書格付け委員会委員長。

2022年日本ガバナンス研究学会会長。

2001年の野村ホールディングス社外取締役就任を皮切りに、日本取引所グループ社外取締役、農林中央金庫経営管理委員やポケトーク社外取締役（現任）を歴任。

『会社更生最前線』『経営の技法』（共著）『破天荒弁護士クボリ伝』（同）など著書多数。

ガバナンスとド派手スーツの原点

“破天荒弁護士クボリ”のルーツ

八田　実は、私が法曹界で一番尊敬しているのが久保利さん。これは社交辞令ではなくて、独特のコスチュームとともに、まさに久保利さんの生き方が好きなんです（笑）。２００９年からは「一人一票等価値訴訟」弁護団を立ち上げて、一票の格差問題に取り組まれておられます。半世紀以上にわたり、弱者にも目を配りながら、より良い社会を作ろうと活動されていますが、今のような考えを持つようになった、そもそもの根源は何ですか。

久保利　私が生まれたのは敗戦1年前の１９４４年8月です。あの頃は米軍の空襲が続き、子どもを産んでも死んで当たり前といった時代。だから、私たちは戦争に関わる問題を自分自身の問題として抱えている最後の世代です。

もうひとつ大きいのが、１９６７年に司法試験に現役合格した後、約半年間、アフリカ・インドなどを旅行したことですね。弁護士というのは危険な仕事だと思いましたから、命がけの経験をしておかないと、いざという時に踏ん張りが利かないと思ったので、意図的にそういう境遇に自分を追いやったわけです。そして、海外で一番危険なところはどこかと言えば、アフリカとインドだと。実際、本当に危ない目にあって、命からがら帰ってきました。そうなるともう、ヤクザ者が脅かそうと何をされようと、「あの時、捨てた命だから大丈夫だ」という感覚になる。乱暴な生き方であることは間違いないでしょうね。（笑）

八田　戦争体験者の多くは「同僚がみんな戦死した、たまたま運もあって自分は生き残ったから、今ある命は儲けものだ」と常々話されます。であれば、「その命を最大限に社会に還元したい」と。そうした考えに通じるものですよね。ところで、久保利さんは現時点で何カ国を巡っておられるんですか。

久保利　171カ国です。残り20数カ国ありますけど、ほとんどが紛争国か渡航禁止国。あとは伝染病などで死体になって帰って来るような国でしょうか。知らない国に行って、知らない人とお付き合いしてみたい、何を考えているのか知りたいという強い好奇心が旅行の原動力ですね。

スモン薬害訴訟、総会屋…「性弱説」で人を、企業を監視する

八田　久保利さんは20代の時、スモン薬害訴訟（整腸剤のキノホルムを原因とする薬害事件。1970年代に被害者が国および旧田辺製薬、武田薬品工業、旧日本チバガイギーを相手取って各地で提訴）の原告代理人をお務めになりました。私はそれが久保利さんとガバナンスの関わりの原点と理解しています。

久保利　スモン薬害訴訟は弁護士1年生の1971年に担当しました。訴訟で感じたのは、会社とはとんでもなく悪いことをするのだ、ということです。当時の私はもう少し資本主義を信用していましたし、相手は一部上場の製薬会社ですから、それなりにまともなことをやっているはずだと考えていました。

ところが、田辺製薬は判決が出て執行の時に及んでも、被害者への慰謝料1億7000万円をバラバラの1万円札で無造作に段ボールに詰めて寄越すなんてことをした。会社は自社の売り上げや利益、幹部も自分の出世しか考えていなかったのです。それは、むき出しの私利私欲の世界。だから、それに歯止めをかけるアンチ勢力がいないと、絶対に会社はまともに機能しないと思いました。

八田　上場会社は〝社会の公器〟と言われます。ところが、それにふさわしくない経営トップ

の思想、人間の欲や業があって、とても社会の公器などにはなっていない。そういう実態を早い段階でお感じになったということですね。

久保利 スモン薬害訴訟で人間というのは善でも悪でもなく、〝弱い存在〟だと感じました。私利私欲の前では正義感や倫理観など、すべてを捨ててしまう。それ以降、私は、人間は性善でも性悪でもなく、生まれながらに弱いんだという「性弱説」という立場を取っています。だから、コンプライアンスとインテグリティを言い続けなければ、会社も組織も悪に染まります。

八田 ところで1980年代、特殊株主、いわゆる総会屋が社会問題になりました。これに、久保利さんは正面から立ち向かわれた。その時の状況を教えていただけますか。

久保利 確かに総会屋と戦いましたが、それまでの彼らは企業から「年に1度の株主総会で暴れないでくれ」ということで、賛助金といった形で多額の利益供与を受けていました。つまり、大半は与党総会屋だったのです。ところが一転、1981年の商法改正を受けて企業側が総会屋に金銭を渡すことができなくなった。だから、全員が野党となって総会で噛みついてきたというのが大きな構図です。総会屋が悪いと言っても、またも企業では性弱説の原理が働いて、株主総会をシャンシャンで終わらせるためにはヤクザ者と手を組まないといけないと考え、実際に彼らと癒着してきたわけです。

例えば、こんなことがありました。当時、私は上場企業の総務担当者を対象に、総会屋を撃退するにはどうしたらいいかというビデオを作ったり、講演したりしていたのですが、講演の翌日にはその内容が総会屋に筒抜けになっている。その場に総会屋なんて一人もいなかったのに、です。どうしてかと言うと、「総会屋さん、どうぞ」と利益供与で講演の情報を提供する企業の担当者が後を絶たなかったから。そうして恩を売ることで自社だけは総会屋からの攻撃を免れようとしていた。それも超一流と言われる企業ほど、そうでしたね。性弱説で考えれば理解はできます。

オーラを発散する「勝負スーツ」

八田　総会屋の攻撃の際たるものが、長時間のロングラン総会でした。そして、これに対抗したのが、今では「久保利方式」と呼ばれる議案の一括上程・一括審議ですね。

久保利　直接的には1986年、内紛や不正融資などを引き起こしていた平和相互銀行が、住友銀行（現三井住友銀行）と合併する際の株主総会がきっかけで、総会屋、右翼、暴力団が大挙して押し寄せて総会は大荒れになると予想されていました。どんな立派な社長でも、10数時間も総会で騒がれたら参ってしまいます。これを回避する上手い方法はないかということで、「2時間方式」を編み出しました。

普通、倒産会社の債権者集会でさえ2時間で終わるのに、配当もしている上場企業が10数時間も総会屋に付き合わなきゃいけない理由はない。だったら、「打ち切ればいい」という考えです。断固として2時間で打ち切る方式でやろうと言って戦ったら、警察も必死に守ってくれた。実際、総会屋やエセ右翼などが直前に逮捕されたこともあって、平和相銀の総会は2時間弱で終了させることができました。

八田 その後、一括上程・一括審議の方式を多くの企業が取り入れ、総会屋は利益供与を受けることができなくなり、消滅していきました。久保利さんは防弾チョッキを着て株主総会に臨まれていたって、これ、本当の話ですか。

久保利 本当です。防弾兼防刃チョッキですけどね。警察に相談したら、1着7万円だったかで買わされましたね、もちろん、身を守るために自分で買ったわけですが。（笑）

八田 で、久保利さんのトレードマークというと、今日もお召しになっているような鮮やかなスーツ。特に、裏地が凄い（笑）。原点はこの頃ですか。

久保利 （スーツの裏地を見せながら）そうですね。この頃の捜査4課（暴力団対策担当）の刑事さんたちは、スーツも靴も真っ白の派手なものなんかを身に着けていたんですよ。片や、ヤクザの親分たちも今と違って、白のベンツに乗って、白の麻のスーツを着たりして、それなりの立ち居振る舞いでした。どっちがどっちだか、見分けがつかないくらいで。だから、それを見習って、なんとなく派手になってしまいましたね（笑）。でも、警察からは「久保利さんは警備しやすい」って。目立った格好だと、相手も闇に紛れて刺しちゃおうなんて発想にはならないようですね。

八田　それはそうでしょうね。（笑）

久保利　もう総会屋なんていない時代で、こんな格好をする必要はないんですが、なんとなく派手な格好が好きになって、そのままです。

社外取締役は〝異論〟を言う役割

野村HD社外取締役時代に断ち切った「香典」の因習

八田　久保利さんは2001年に野村ホールディングス（HD）の社外取締役に就任されて以来、多くの企業での社外取締役をお務めになっています。社外取締役の基本的な任務や使命をどう考えておられますか。

久保利　基本的には、常に経営陣に〝異論〟を唱えることでしょう。「その経営判断でいいのか？」「環境認識を間違えていないか？」と、自分がおかしいと思うことを取締役会などで臆せず言い続けるというのが、社外取締役の役割だと思っています。

八田　内部の人間では言えないようなことを発言された時、社長や社内の役員たちはどういう反応を示すものですか。

久保利　野村HDでの話ですが、当時、顧客先など、大手企業の財務担当役員は親族が亡くなった時に、証券会社から多額の香典をもらっているのではという噂話がありました。あの財務担当は父親の葬式で香典袋が立つくらいの金額を包まれたようだ…なんて話もあったほどです。ただ、いろいろ確認しても客観的な証拠は見つからない。しかし、そういう話は業界では通説として流布していました。

当時は野村証券を含む証券業界が不祥事に見舞われていた時期で、そんな中、証券会社が財務担当役員の親族の葬儀で香典を渡すこと自体、曰く言い難い関係があるのかと世間から思われる。そこで私は、野村ＨＤの取締役会で「香典をやめましょう」と発言したのです。でも、社内の役員は「1万円だったらいいではないか。香典を持たずにお悔やみには行けない」と言う。私は「葬式に行くな」と言っているわけじゃない。だから、「香典の代わりに、斎場の掃除や葬儀の受け付けをやらせてくださいと言えばいい。断る人はいないはずだから、正面切って香典なしでやれ」と。そして、「未来永劫とまでは言わないけど、少なくとも世の中をお騒がせしているこの時期に、『香典を持たないと、人の葬式に行けない』なんていうことがあれば、社外でこの顛末を話す」と突っ撥ねました。結局、半年くらいは〝香典なし〟でやりましたね。

八田　改革というのは前例踏襲を断ち切らないとできません。そのためには外部がおかしいと声を上げることが重要です。外部の人はいわば〝社会の代表〟ですから、そういう声に耳を傾けるという姿勢が組織にないと、本当の意味で生まれ変わることはできないでしょうね。

久保利　悪しき前例踏襲をやめるのは大変です。さらにどこの企業もやっていることを「ウチはやめよう」とは言い出せない。それは性弱な人間の本性なので、理解はできる。けれども、不祥事が発覚した時のダメージを考えたら、果たして今のままでいいのかと考えるのが経営者のあるべき姿ではないか。それを考えずに、長い物には巻かれる姿勢は真っ当な経営者とは言えません。そこに気が付けば、みんな変わります。これが「ガバナンス問題」なのです。そう大きな声で言いたいですね。

「今の社長が次の社長を選ぶ」は当たり前ではない

八田　それでは、現在、社外取締役が抱える課題、ズバリ、これは何でしょうか。

久保利　社長の選任プロセスでしょうね。多くの日本企業では、次期社長は現役の社長が選ぶものと思っているようですが、そうではないのだということです。次期社長の候補は、今の社長が一番よくわかっていると言われますが、これも〝神話〟です。こういう発想があるから、次の社長を誰にするのか、社内から出すのか、社外から招聘するのか、本当に誰が適任かという根本的な議論そのものを避けているように思えます。

八田　自分が社長になったことの証として、一番にやるべきことは「内部からの後継者指名」だと思っている方は、実は大変多い。指名委員会等設置会社が不人気の理由はそこにあると思います。なぜ、社長である自分の思い通りにできないのかと。日本では社長は次の社長を選んで自分は会長になる、会長を終えたら相談役、相談役の次は顧問、その次は特別顧問…と続くわけです。一方、アメリカではＣＥＯ（最高経営責任者）を辞したら一切会社と関わらないのが一般的ですよね。日本の経営者が長く居座るのは、社長時代の報酬が低いからだとも言われますが、この問題はいかがですか。

久保利　論外です。報酬の面で問題があるのなら、ストックオプションでもいいので、きっちり渡してさっと辞めてもらうのがあるべき姿でしょう。一人が長く居座るのは反対です。長ければ長いほど、忖度が働き会社をダメにするものなんです。オリンパスのケースを見ても一目瞭然。〝中興の祖〟を守るために粉飾決算をしていたわけですから。

そういう意味で言うと、過半数を社外取締役で構成する指名委員会を設置する指名委員会等設置会社という概念は間違っていないと思います。しかし、日本企業の大半が指名委員会等設置会社への移行を拒否している。これは、先ほど八田さんがおっしゃったように、現社長が次期社長を選びたいがため、というのが実相なんでしょうね。

八田　社外取締役の構成という側面では、ダイバーシティ（多様性）が盛んに言われています。ダイバーシティとは性差のみならず、国籍や年齢も含まれるはずですが、日本ではとかく女性にスポットライトが当たります。女性取締役がいることの効用、また女性枠を増やすという議論はどう評価していますか。

久保利　男よりも女性の方が頼りになりますよ。いざという時に不退転の覚悟で異議を唱えて頑張るのは、圧倒的に女性です。男なんてすぐに忖度して、寝返ったり引いたりするから（笑）。そういう点では女性が一定程度いることは良いことです。一方で、ダイバーシティと言った時に、海外の人で日本語が堪能な人材もいるのに、活用されているかというと、そうでもない。もっと外国人枠も増やすべきだと思いますね。

八田　日本語は独特の難しさがあるから、外国人は敬遠されるのでしょうか。

久保利　そういった側面もあるかもしれませんが、たとえばアメリカ人弁護士で日本語が堪能な人はたくさんいます。これからは、そういった人を活用していくという企業があってもいいでしょう。

非上場企業の不祥事は〝国家の問題〟

八田　最近では非上場企業、公益法人や学校法人といった非営利組織でも不祥事や不正が頻発しています。中古車大手のビッグモーターや、ジャニーズ事務所は非上場企業ですし、日本大学は非営利組織です。ガバナンスの議論をする場合、これまでは上場企業がベースでしたが、こうした企業や大学についても「ガバナンス」の問題が取り沙汰されます。この状況をどう評価していますか。

久保利　上場企業には株主という主権者がいて、主権者は間接統治をせざるを得ないので、誰かを選んで経営をやらせるしかない。いわば、代理人制度の中で問題点をどう是正していくかというのが、コーポレートガバナンスでしょう。

そういう観点で言うと、ビッグモーターやジャニーズ事務所は問題の本質が違う気がしますね。たとえば、ビッグモーターの一族はお金や権力が欲しくて、そのために自分で100％株式を保有し、すべて身内で会社を経営するという形にしてきたわけです。

世間やメディアが、それらを犯罪だとか、日本の法律の不備が問題と言うのならわかりますが、「ガバナンスが効いてないから起きた事件だ」と言うのなら、ガバナンスとは一体何なのか。最初から「内部統制はやりません」「取締役会は開きません」「議事録は作りません」という経営方針は、所有と経営の分離、業務執行と監視・監督の分離がない、ガバナンス以前の状況だからです。それじゃあ、個人商店はダメなのか、あるいは私立大学も国立大学のようにしなくてはいけないかというと、それにも違和感がありますね。

八田　上場企業は株主も不特定多数で、さまざまなステークホルダーがいて社会性・公共性が高い。だから、社会の秩序を遵守させる。そう考えると、ジャニーズは国民誰もが知っていて、海外にもファンがたくさんいるし、タレントは大企業のCMに出ている。また、ビッグモーターは日本全国に支店があって、多くの人を雇用している。つまり、これらの非上場企業も社会性が高いわけです。私はその意味で、何らかの規律付け、制裁措置が示されなければダメだろうと思います。それをどういう理論で説明すべきでしょうか。

久保利　突き詰めれば、国家経営の問題だと思いますよ。この国はどういう国なのか。ジャニーズで言えば、異常な性的嗜好を持った大人が子どもたちを不幸な目に遭わせることを許さないという国ではないのか。もしそうなら、国の法律によって犯罪者ということになり、ジャニー喜多川氏は捕まったはずです。そういう法律も作らずに「ガバナンス」と言われても、それは違うのではないか。だからと言って、許されるべきだと言っているのではありません。許してはならないとすれば、それはガバナンスの話ではなくて、警察権力などの国家権力によってこれをしっかり規制するべきなのです。ビッグモーターも、行政はそのような会社になぜいい加減な車検をさせてきたのでしょうか。車両運行の安全確保を国の責務と考えなかったのではないですか。

八田　もうひとつ言えるのは、監査の専門家が第三者としてきちんと監視・監督する。本来、一定規模の企業であれば監査役がいますが、株式会社になってはいるけども、非上場の場合は監査役がまったく機能していません。

久保利　おっしゃる通りだと思います。だけど、これも監査役だけの問題なのか。売り上げがたくさんある会社に対して税務当局は何していたのだという議論もある。課税対象としてしっかりとした調査をしたか。会社法上の「大会社」なのに取締役会も開かない、議事録もないとしたら、国税当局は指摘するはずです。その指摘すらなかったとすれば、一体、国税は何をやっていたのか。自浄努力でやればいいですけど、努力だから、やらない企業が多い。であるならば、国家権力が何らかの形で規制をしていくべきではないか。日本はそれをやらない怠惰な国家だと私は思います。

この国のガバナンスは大丈夫か⁉

監査等委員会設置会社では「不祥事を防げない」

八田　今、こうしてガバナンスをめぐるお話を伺っているわけですが、日本でもガバナンスの問題が周知されるきっかけとなったのは、２０１５年の「コーポレートガバナンス・コード」の制定です。この流れを作った一人が久保利さんですよね？

久保利　それには前段階があって、２０１２年に法務省の法制審議会会社法制部会で「会社法制の見直しに関する要綱案」をまとめました。その中で社外取締役の選任の義務付けを盛り込みましたが、経団連の強い反対を受けて実現できなかった。法律として盛り込めないのであれば、ソフトローで盛り込めばいいと提案したのです。あとは「コンプライ・オア・エクスプレイン」（遵守せよ、さもなくば、説明せよ）でやればいいと。心ある企業が取り入れれば、その他がついてくるという発想です。日本お得意の社会における同調圧力の利用です。実際、ソニーをはじめ、一部の大手企業は指名委員会等設置会社に移行していきました。

八田　しかし、指名委員会等設置会社は現時点でも100社に満たないという状況です。現在、日本の上場企業には指名委員会等設置会社、監査等委員会設置会社、そして従来通りの監査役会設置会社の3つの機関設計があります。私は、法制度は〝シンプル・イズ・ベスト〟だと思っていて、ひとつの仕組みだけを作って、後の運用と活用は企業各社に任せる方法がいいのではないかという立場です。

にもかかわらず、2015年5月の改正会社法で指名委設置と監査役会設置の折衷案というべき監査等委員会設置会社が新設された。指名・報酬委員会を必置にしなくてもいいという与し易さもあって、今では上場企業の3分の1強が監査等委員会設置会社に移行しました。こういった流れはどう評価をされますか。

久保利　多数が採用しているから良い制度だと勘違いしている企業が多いですよね。まず指名委員会等設置会社で言えば、当初1名以上、つまり2名の社外取締役がやりたいことをやったら、ガバナンスが壊れるということで、企業側はみんな反対したわけです。ところが、今は社外取締役が3分の1以上いたり、過半数の会社も増えてきました。仮に2名の社外取締役が掻き回そうにも、そんなことはできない。だから、指名委員会等設置会社に移行する企業もあるわけです。

一方の監査等委員会設置会社で言うと、コーポレートガバナンス・コードで定められた社外取締役を確保するためには社外監査役を取締役にしないと達成できないという言い分でした。

ただ、極端に言うと、そんな主張をしていた企業は規模からしても、上場している必要性がないような企業が多かった。本当に立派な会社で監査等委員会設置を採用している企業は、数える程しかないんじゃないかと思いますよ。

八田　昨今、不祥事が顕在化した上場企業の比率で言えば、監査等委員会設置会社が多いのではないかと思っていますが、それは、十分な抑止・監視が働いていないからではないかとの疑念も生じているところです。

久保利　確かにそう言われますよね。そもそも、監視するモチベーションがない制度。そういう意味では、監査等委員会設置会社はやめていいのではないか。それでも監査等委員会設置でやっていきたいと本気で思うなら、監査役会設置会社のように評決権はないけれど差し止め権などを付与して監査役会に権限をしっかり与えるという制度の方がいい。結局、監査役をなくすかどうかが論点だと思いますが、私は今の監査役会をきちんと充実させるなら、これはこれでいいと思っていますよ。

第三者委員会は〝弁護士のビジネス〟に

八田　企業・組織不祥事で言うと、日本では第三者委員会の設置がかなり浸透してきました。

自浄能力として自ら第三者委を立ち上げて、原因を究明して再発防止策を講じるという流れです。これに対して、久保利さんが中心になって2014年に第三者委員会等が提出した報告書をチェックする「第三者委員会報告書格付け委員会」を作られた。格付け委には私も委員として参加させていただいていますが、その経緯をお話しいただけますか。

久保利　第三者委員会のコアメンバーは弁護士が多いのですが、当初は良い報告書も結構ありました。しかし、第三者委が一般化するにつれて、ほとんど見るべき報告書がなくなってきた。このことに危機感を覚え、2010年に私が座長となって日弁連（日本弁護士連合会）がワーキンググループ（WG）を立ち上げ、「企業等不祥事における第三者委員会ガイドライン」を策定したのです。

でも、実際はあまり改善されなかった。だから、今度は日弁連のWGのメンバーを中心に、報告書の格付け委員会を作りました。自浄能力を発揮するというのは簡単ですが、すべての組織ができるわけではない。一方で本気でやろうという企業も出てくるはずだから、3年ぐらい我々で〝格付け〟をして、「これは駄目だ」「あれは良い」と示せば、良い方向にいく企業が増えると思っていたのですが…。

八田　いまだに中身の乏しい第三者委員会報告書は後を絶ちませんね。

久保利　残念ながら、第三者委員会は結局、弁護士のビジネスになってしまった。不祥事を起こした企業から多額の報酬をもらって長文の報告書を書くと、ハッピーだと考える弁護士もたくさん出てきました。だから、報告書の中身は決まり文句ばかりです。そういう第三者委員会は原因は何かと問われれば、「企業風土」であるとか、「長年の経営の劣化」であるとか、あるいは、「再発防止策は研修」だと…。紋切り型でケースに即した提言はないのです。原因論と再発防止策を読めば、その第三者委員会が立派なのか、ダメなのかがすぐわかりますよ。

八田　第三者委員会がビジネスとして成り立っているのは、それを良しとする依頼者側の思惑もあるでしょう。「第三者委員会にお願いしました」と言えば、マスコミも一度、報道を鎮静化させてしまう。そして、時間が経って出てきた第三者委報告書に対して頭を下げて、「再発防止策に従って頑張ります」と。それで追及の手から逃れられるわけです。つまり、弁護士と企業、双方にとってウィンウィンの関係が潜在的にあるのではないでしょうか。

久保利　そういう構図があるからこそ、弁護士も「お前ばかり儲けて」と言われた時に、「いや、依頼者（不祥事企業）も喜んでいます」と言い訳するのです。けれど、本来、依頼者というのは、不祥事企業の執行部ではなくて、オールステークホルダーを指すはず。彼らが本当に納得しているかどうか。その判断基準は、上場企業の場合だと、マーケットになりますよね。マーケットに良い報告書だと評価されれば、いったん低落した株価は戻るのです。

２０１４年、私が第三者委員会の委員長を務めた「すき家」のゼンショーホールディングスのケースでは、「ワンオペなんてやめてしまえ」と、労働環境改善のために本部の管理体制を変更すべきと提言したら、我々が報告書を出す前に、会社側が自分たちでアイディアを出してどんどん改善策を講じていった。そして、株価は大きく跳ね上がりましたよ。

八田　やはり、CEO（最高経営責任者）の本気度次第ですよね。

「一票の格差訴訟」と「司法改革」

八田　2007年に金融商品取引法の中で内部統制報告制度ができた時に「日本内部統制研究学会」が発足しました。それから15年、内部統制のみならずガバナンスやリスク管理という視点で学術的・実践的な知見を提供すべきだという議論があり、名称を2022年、「日本ガバナンス研究学会」に名称変更しました。そして、久保利さんは初代会長に就任されました。

久保利　現在、学会の会員は250名程度です。まずは私が会長に就任して感じたことは会員数を増強することが必要だということです。また、会員の内訳を調べると、弁護士も少ない。公認会計士のみならずガバナンスを真剣に研究、実践しようという意欲のある人、それは経営者でもいい。それなりの見識のある人たちをできるだけ引っ張り込んで、倍増させないと駄目だろうと思って、会員倍増の500名という目標を立てました。会長の任期はあと2年あるので、その間に毎年100名ずつ増えれば、会員の裾野が広がっていくと思っています。会員数が増えれば、研究の深度も変わってくるし、学会の立ち位置も変わってくる。3年の任期を会員倍増に捧げたいと思っています。

八田　組織運営、経済社会の規律付けを確保していくことは、ガバナンス抜きには語れません。日本国民に広くガバナンス的な知見というか、基礎知識は持ってもらいたい。そのためにも日本ガバナンス研究学会は、久保利さんが会長になっていただいていることは非常に力強いですよ。

久保利　でも、会社はかなり良くなりました。この国は、民より官が駄目なのです。国家ガバナンスって何なのかという視点を、もう一段ステージを上げて広めたい。今、企業のガバナンスはどうなのか、大学のガバナンスはどうなのか、病院のガバナンスはどうなのか、学会のガバナンスはどうなのか…と、みな、さまざまに言っていますが、「いや、待てよ、そもそも「一票の格差」を放置しているこの国の国のありようがおかしいのではないか」というところまで突き詰めると、この国を大きく変える力になる。そうなると学会の会員数も500や1000では足らないと思いますよね。

八田　そういう点では、久保利さんは日本という国家とも戦っています。一票の格差訴訟、アンフェアな状態が続いていますが、国民には危機意識も問題意識も共有されていない印象です。

久保利　大前提として、日本では国家のガバナンスがまともに機能していない。はっきり言えば、この国は国民主権国家ではないと思っています。現実は〝国会議員主権国家〟で、本来は国民から選ばれるべき国会議員が3代4代と承継されて、彼らの「家業」になっている。

憲法には、主権者たる国民は選挙を通じて、代表機関である国会を経由して政治をすると書いてあるわけです。だから、内閣総理大臣は国民の過半数によって選ばれていないといけません。しかし、現実は人口比例選挙ではなく、大きな一票の格差がある。つまり、少数の国民が多数の国会議員を選び、そこで総理が選ばれることになる。これでは民主国家とは言えません。国民国家としては存立基盤が怪しい、正当性がない国だということになります。

八田 日本は他国と比較しても投票率がとても低いですが、これは政治に期待していないからでしょう。一方、それは国民としての義務を放棄しているとも言える。例えば、投票を義務化するという考えはどうですか。

久保利 国民はもう政治にギブアップして、この国を捨てているのです。例を挙げれば、少子化問題というのは、国民が政治に対して不信任を起こし、この国に将来を委ねられないという絶望が原因だと思っています。だから、私はこの国は早く潰れて、早く立ち上がればいいと考えています。潰れたならば、新しい芽が吹いてくる。敗戦後の立ち直りの素早さは見事でした。要するに、この国はみんなで救おう、救おうとするがために、かえって救えないというジレンマに陥っているような気がするのです。逆に、世襲議員に支配されるよりも、もう誰も選挙に行かない方がましではないでしょうか。投票を無理矢理義務づけるよりもその方がいいのではないか。暴論ではありますけれども、そう思っていますよ。地方公共団体の選挙はそうなりつつあります。

八田　よくわかりました。それに加えて、司法改革も久保利さんのメインテーマですよね。

久保利　そうです。日本の司法は弱すぎる。その原因は弁護士の数です。女性であろうと、外国人であろうと、ロイヤーをたくさん増やすことが必要になる。こういうことを言うと、「お前は食うに困らないから、そういうことが言えるんだ。こっちはジリ貧なんだ」と反論されるんですが、そうではなくて、食える道筋を自らが作ればいいのです。

私は常々、「法廷の出入り業者だけが弁護士の姿じゃない」と言っているのですが、まさにソフトロー、コーポレートガバナンス・コードも含めて、どう社会の道筋を作っていくかというのがリーガルの本来の役割です。世界の取引ルールを作れる英語のできる弁護士が万人単位で欲しいのです。だから、もうひとつのメインテーマは、弁護士の充実と司法の拡充です。2024年で4期目となった私が主催する久保利塾には毎期20名以上が入塾してくれています。後継者には何十人もの志のある弁護士がいます。そして、私より大先輩の先生方も応援してくれる。弁護士の数を増やし、若手も古参も一緒になって新しいリーガルシステムを作っていく。これが2024年80才になる私の夢ですね。

八田　貴重なお話、大変勉強になりました。ありがとうございました。

久保利英明氏との対談を終えて

久保利英明氏は、法曹界のみならず、少なくとも企業社会に関わりを有するビジネスマンであれば、その名前を知らない者はいないほどに、著名な弁護士である。それは、「日経ビジネス弁護士ランキング」で、1995年から4年連続で1位を獲得されたということだけでなく、一度見たら決して忘れることのない風貌とその鮮やかな出で立ちに驚かされるからでもある。

同氏は、「弁護士は闘争業だ」と称し、そのための戦闘服として、派手なスーツとネクタイ、そして、漆黒の肌を保っておられるのである。まさに戦う弁護士のイメージが大変強いのであるが、実際に、近くで接する機会を得た者から見ると、とても繊細で、かつ、細やかな気配りと温かい心根をお持ちの愛すべき紳士であることを実感するのである。

久保利氏とは、これまでも幾度となく雑誌の対談や公的な会議等で同席させてもらう機会を得ているが、最も頻繁に関わる機会を得たのは、同氏を委員長とする「第三者委員会報告書格付け委員会」の委員を拝命し、これまでに、30本近い報告書の格付けを行ってきたことによるところが大きいのである。そして、この格付けの中で、常に最も厳しい評価をされるのが久保利氏である。それは、広く不祥事対応の一環として採用されている第三者委員会の報告書が真に社会からの信頼を得るようになるべく、お座なりで真因究明に迫っていないような杜撰な報告書は絶対に容赦しない、との強いメッセージとなっているのである。

久保利氏は、「今は今しかない、今、大切な人と話すことで残したい」との思いをもって、「クボリチャンネル」という公式のYouTubeチャンネルを開設し、各界の名士とガバナンスを含む社会の様々な課題について熱い議論を発信されている。
今回の対談でも、まさに、日本のコーポレートガバナンス議論が浸透するきっかけを作られた久保利氏ならではの視点から、ガバナンスの本質に迫る貴重なお考えを拝聴することができた。

（2023年11月記）

油布志行

ガバナンスの議論には、企業の繁栄とアカウンタビリティの2つがある

金融庁企画市場局長の油布志行（もとゆき）氏。

1989年、旧大蔵省（財務省）入省の油布氏は2004年から4年間、OECD（経済協力開発機構）に出向。帰国後、体得したガバナンスの知見を活かしてスチュワードシップ・コード、コーポレートガバナンス・コード策定に事務方として尽力した。

最近では「資産運用立国」の確立に向け、資産運用会社の運用力を上げるプランの策定に関与。NISA導入など、個人投資家の資金を日本企業に振り向ける仕掛けづくりを通じ、日本企業の稼ぐ力の底上げに携わっている。

そんな油布氏が考えるガバナンス論とは一。

profile

油布 志行◆ゆふ・もとゆき

金融庁企画市場局長

1965年福岡県生まれ。東京大学法学部卒業後、1989年大蔵省（現財務省）入省。2004〜2008年OECD（経済協力開発機構）派遣、ガバナンス改善に向けた啓発・支援プロジェクトを担当。2012年金融庁総合政策室長（内閣官房参事官兼任）として第2次安倍政権の成長戦略策定に参画する一方、NISA導入を担当。2013〜2015年企業開示課長の傍ら、「日本版スチュワードシップ・コード」「コーポレートガバナンス・コード」の策定において有識者会議の事務局を務めた。その後、2015年同庁総務企画局参事官、2018年同庁総合政策局審議官、2021年証券取引等監視委員会事務局長を経て、2023年同庁総合政策局長、2024年7月より現職。コロンビア大学MIA（国際関係論修士）。

金融庁NISA導入局長が語る「〝稼ぐ力〟を高めるガバナンス」

ガバナンス後進国から最先端のOECDへ

八田　油布さんは１９８９（平成元）年４月の旧大蔵省入省ですね。まさにバブル最盛期から日本が真っ逆さまに落ちていく過程を、大蔵省、財務省そして金融庁に所属されて経験されました。

油布　そうです。入省した年の暮れ、大納会まで日経平均はウナギ登りでした。ご存知の通り、12月29日の大納会の日、過去最高の3万８９１５円を付けるわけですが、年が明けて大発会の日の終値は前日比２００円安。例年、大発会の日はご祝儀的に株価が上がっていたのが、この年は下がった。私自身、「あれ？」とは思ったものの、明日か明後日にはまた戻るだろうと楽観視していました。実際、この時のお正月の新聞には「日経平均10万円」を達成するのはいつかといったような特集が組まれていたくらいです。まさかそこから35年近く、一度も3万８９１５円に届かない事態に陥るなどということは想像できませんでしたね。

八田　当時は多少株価が下がっても、1～2年で日経平均10万円を達成すると多くの人が本気で考えていましたよね。

油布　バブルによる弊害は非常に深刻なものだったので、是正する必要があったことは間違いないのですが、日本経済を長期にわたって停滞させてしまったのは、政策サイドや行政の力不足だったと私自身、忸怩たる思いがあります。個人的な気持ちとしては、現役でいる間に公務員1年生だった時の日経平均3万8915円に回復する日が来てくれることを願っているのですが、さてどうでしょうね。

八田　いや、最近の市場を見ていると、ギリギリ間に合うかもしれませんよ（笑）。ところで、油布さんと言えば、「Wコード」とも言われる「スチュワードシップ・コード」と「コーポレートガバナンス・コード」策定時の担当者であったことです。2014年のスチュワードシップ・コード、そして2015年のコーポレートガバナンス・コードの策定のために組成された「コーポレートガバナンス・コードの策定に関する有識者会議」の事務局を主導されました。ハードロー一辺倒だった日本に、ソフトローとしてのコードを導入した立役者です。

油布　これは本当に巡り合わせというか強運だったというか…。こんな仕事はなかなか当たるものではないですから、本当にありがたい経験だと思っています。

八田　コードの知見を培われたのは、やはり2004年から2008年までOECD（経済協力開発機構）へ出向されたことが大きいですか。

油布　そうです。私は財務省の大臣官房に所属していた時期にＯＥＣＤに出向しているのですが、何のために派遣されたかというと、「コーポレートガバナンスを勉強して来い」ということだったんです。コーポレートガバナンスの世界ではＯＥＣＤがグローバルスタンダードですからね。実際、「ＯＥＣＤコーポレート・ガバナンス原則」を所管する部署に配属になりましたが、私自身はガバナンスについて、ほとんど知見がありませんでした。ただ、ＯＥＣＤは国際機関ですから、いろいろな国の方とカンファレンスを主催したり、出張に赴いたりと。

八田　ＯＥＣＤではいかがでしたか？

油布　当時の感覚では、日本はとてつもないコーポレートガバナンス後進国でした。ＯＥＣＤチームの一員としていろんな国に出張に行くと、はじめに驚かれたのが、私が日本人であること。チームの一人ですから同行するのは当然なのですが、「どうしてコーポレートガバナンスで、よりによって日本人が来るんだ？」という反応なんですね。

もちろん、相手も大人ですから、公式の場では面と向かって言わないのですが、懇親の席なんかでは冗談めかしてはいたものの、多少皮肉られることはありましたね。コーポレートガバナンス先進国の人から見たら、日本のコーポレートガバナンスはノートリアス（悪名高い）だったわけです。事実、日本企業はガバナンスを改善しようという意思すら感じられないという印象を持たれていたようです。

新発想「プリンシプル（原理・原則）ベース」の原点

八田　そのような状況で、まさかコーポレートガバナンス・コードを日本で、それも自分自身で策定に携わるなんて…。

油布　夢にも思いませんでしたね（笑）。日本の２００４～２００８年頃というと、１９９０年代末期の金融危機を何とか乗り越えたとは言っても、まだ一般事業会社が苦しんでいた時期。会計不祥事が発覚して、日本全体が閉塞感に包まれてもいましたし。

八田　２００５年にはカネボウの巨額粉飾事件が起こり、２００６年には会社と共謀したとして、中央青山監査法人が金融庁の行政処分を受けました。その後、みすず監査法人に商号変更して再興を図ったのですが、翌２００７年には解散となりました。当時はマーケットが混乱し、日本国内でもガバナンスの必要性がようやく認識され始めた時期でもありますね。

油布　ある時、ＯＥＣＤの同僚のオーストラリア人に「日本でガバナンスの改善が進まないのはなぜだと思う?」と聞いてみたんです。日本の事情にかなり詳しい彼が言ったのが、「日本はハードローに頼り過ぎ」ということと、「（役所が）企業のオーガニゼーショナル・イシュー

（機関設計）ばっかりやっているから理解が得られない」という2点だったのです。
　法律をつくる作業は時間も労力もかかって大変です。安定した社会ならともかく、目まぐるしく社会が変わっている中で法律だけで対応しようとしたら、極端な話、法律ができ上がる頃には情勢が変わっている可能性すらあります。
　また、オーガニゼーショナル・イシューも言われてみると、日本の場合、どうしても組織論から入ろうとする。２００２年の商法改正では、ガバナンス強化のための仕組みとして、監査役設置会社に加えて指名委員会等設置会社の導入を図ってきました。また、監査役に関しても、常勤監査役や社外監査役の義務化、そして監査役の中で社外出身者を過半数にしろとか、いろいろな改正もなされてきました。そういうことも含め、特に上場企業にはガバナンスに対する疲労感があったのかなと思います。

八田　財界の反発も強かったですよね。

油布　もちろん、経団連の所属企業をはじめ、実業界の中でも「日本のガバナンスはこれではいけない」と感じていた方はたくさんいらっしゃったと思います。けれども、団体や業界として主張する時には、ガバナンスを法律で一律義務付けするのはおかしい、となる。その主張もある意味、正しいと思いました。ですから、もし帰国してコーポレートガバナンスに関わる機会があれば、ハードローではないプリンシプル（原理・原則）ベースで、機関設計も含めて文書化ができればいいというふうに考えていました。

八田　確かに日本は制定法の国ですから、既存のハードローに依拠したくなる。でも、世の中がどんどん変化している時に、法律をイチから制定していたのでは臨機応変な対応ができない。だから、プリンシプルベースが良いわけです。倫理観などをしっかり織り込んだ原則だけを決めて、細目については、ある程度の自由度を持たせたほうが機動的に対処できます。コードの精神は、まさにそれですからね。

特に日本では多民族国家のアメリカなどと違って、原理・原則の概念は共有しやすいものでしょう。だから私は、プリンシプルベースという方法は日本人には馴染むものだと思っています。とはいえ、当時はまったく新しいアプローチでした。コーポレートガバナンス・コードを実現できたポイントはやはり、2013年6月に閣議決定された第2次安倍内閣のアベノミクス第3の矢である「日本再興戦略」（成長戦略）に盛り込めたことではありませんか。

油布　おっしゃる通りです。政権交代直後の推進力がなければ、難しかったかもしれませんね。そのタイミングだったからできたのだと思います。それに自民党の中にも応援してくださる議員の方々が結構いらっしゃいましたし。とりわけ塩崎恭久さん（前衆議院議員、元厚生労働大臣）は、かなり強力にバックアップしてくださいましたね。

改訂のたびに「ルールベース化」していないか？

八田　私は、日本再興戦略の中でガバナンスを「稼ぐ力を高めるためのもの」と位置付けたことを高く評価しています。なぜなら、みなさん、ガバナンスは「締め付け」「規制・統制するもの」という先入観を持つけれど、本来は違う。ガバナンスの主たる目的は、企業の繁栄です。コンプライアンス（法令遵守）やアカウンタビリティ（説明責任）は手段であって、目的ではありません。

油布　おっしゃる通りです。八田さんが『英国のコーポレート・ガバナンス』（２０００年）の中で翻訳なさったハンペル委員会報告書にも同様の指摘がありますよね。私、そのことをすごく覚えていて、実は今日もご著書を持参しているんですよ。ちょうどその箇所に付箋も付けています（笑）。この報告書には、本来、コーポレートガバナンスの議論では企業の繁栄とアカウンタビリティの２つがあるはずなのに、ここ数年のイギリスでの議論はほとんどアカウンタビリティ一色になっている、この点の是正を要望したい、と書いてあるんですよね。

八田　でも、その点は今もなかなか理解されないですけどね（笑）。内部統制も基本はそうで、組織の内部管理体制が健全かつ有効に機能していれば、企業活動は活性化し、その信頼性も担保される。ところが、「内部統制」という言葉のせいもあるのでしょうが、法律や規制で議論する場合、どうしてもネガティブな話になってしまう。
金融庁で内部統制基準をつくった2006年当時もそうでした。基準を策定したからと言って、すぐに稼ぐ力が担保されるわけではないし、ましてや利益が出るわけではない。だから、経営者からすれば、締め付けばかりで息苦しさしかないとなります。しかし、「稼ぐ」ためには、前提として健全な組織であることが必要です。そういった意味で、安倍政権時にガバナンスの議論が成長戦略で組み込まれたことは的を射た話だったと思いますね。

油布　当時の金融庁にもプリンシプルベースのアプローチという考え方はあるにはあったのですが、やはりルールベース、細則主義に偏りがちでした。

八田　実は会計基準も同じで、国際会計基準も本来の理念はプリンシプルベースのはずですが、現実は違ってきています。日本の会計基準も同様で、私が会計の勉強を始めた頃は、会計基準自体が数10ページ程度のシンプルなもので十分機能していました。でも、今はその100倍近い分量になり、完全にルールベース化している。プリンシプルベースの、ざっくりとした基準しかなければ、自分の頭を使って考えるでしょう。具体的な処理についても基準に合致しているか、本質に立ち返らないと、正しい答えが出ませんからね。しかし、ルールベース化が進むと、会計専門家であっても、自分の頭で考えずに済む。結果、プロフェッショナル性もどんどん失われていくことになりかねません。

ところで、スチュワードシップ、コーポレートガバナンスのWコードも、世の中の流れとともに継続的にモニタリングしてブラッシュアップさせるために3年に1回の改訂を行っていますが、裏返しとして改訂のたびに、どんどんルールベース化していっていませんか。

油布　私もそれは感じています。もともと3年に1度の改訂という仕組みは、イギリスのコードに倣ったもので、そこで細かい見直しをしようということが目的ではなかったんですね。

八田　そうなんですか。

油布　というのも、策定した時はこんなに浸透するとは思っていなくて、特にスチュワードシップ・コードについてはガバナンス・コードよりも早く策定されたので、3年経ったら世の中から忘れ去られているんじゃないかくらいに考えていたのです。改訂作業が入れば、メディアも取り上げてくれて、忘れていた人も思い出してくれるのではないか…と。

結果、どちらのコードも2回ずつ改訂して、私はスチュワードシップ・コードの2度目の改訂を担当しました。その際も、担当の課長補佐には「できるだけ細かい〝枝〟を増やさないでほしい。むしろ、どこを削るべきかを考えて持ってきてほしい」という要望を出したくらいです。けれども、「どれも意味があることだから」と、みんな、（原則の下位にある）指針を残したがりましたね。

八田　確かに、イギリスのコードですら、ずいぶん分厚くなってしまいましたからね。

新NISAで生み出す「資産運用立国」の好循環

機関投資家も「有意義なエクスプレイン」に期待

八田　ところで、スチュワードシップ、コーポレートガバナンスのWコードの「コード」は日本語訳をせずに、英語のまま使われましたよね。どういった意図があったのでしょうか。

油布　日本語だと「規程」とか「規範」と訳されるのでしょうか。それだと、コードの本質的な意味とはだいぶニュアンスが違ってしまうので、そのまま使うことにしました。

八田　日本人が「コード」と言われて思いつくのは、正式なパーティーなどでのドレスコードくらいでしょうか。私の理解だと、コードは限られた社会や集団といったクローズドなシステムの中で採用されている、ある意味、法律よりも厳格に遵守されるべき合意されたルールだということです。だからこそ、「コンプライ・オア・エクスプレイン」（遵守せよ、さもなくば、説明せよ）。従わないのなら納得のいく理由を示して、従わないことについての説明をしなければならない。したがって、コードという言葉を敢えて日本語に訳さず、そのまま使ったことは、かえって良かったのではないかと思っています。

油布　ありがとうございます。コードをクローズドなサークルの中での極めて強いルールだとおっしゃいましたが、本質的にそうあるべきものとしてつくられているものだと思いますし、その点を追求していくべきだと思います。

八田　ただ、コードを遵守しない場合、その理由を明確に説明することが日本人は不得手だから、どうしても横並びになってしまう面がありますよね。

油布　裏話をしますと、コードを策定した時は普及第一で、日本人の横並び意識を利用したところがあります。どこかが受け入れれば、同業他社も受け入れる。生命保険会社などの機関投資家のうち、どこかがスチュワードシップ・コードに賛同して受け入れるのであれば、「ウチもやらざるを得ない」といった形で広がって行くと踏んで、実際にそうなりました。

その一方で、実際にコードに当てはめる場面で横並びというのは極めて有害でもあります。スチュワードシップ・コードを策定した時に投資顧問業協会や生命保険協会に強くお願いしたのは、開示項目や公表すべき項目の〝ひな形〟をつくることは絶対にやめてほしいということでした。それをやられたら、どの会社も同じ文言の金太郎飴みたいな状態になってしまい、エクスプレインの本質が台無しになりますからね。

八田　つまり、自社はどうなのか、自ら考えないと地に足がついた議論はできないということですよね。アングロサクソンの世界で彼らが言う「コンプライ・オア・エクスプレイン」での説明責任とは、客観的なエビデンス（証拠）や必要な情報を示して、自分たちの言葉で納得のいく説明を行うことを指しますが、日本人は言葉巧みにスラスラと話すことを説明責任だと勘違いしている。だからかもしれませんが、初年度の開示では、エクスプレインはなくて、みんな、コンプライ、コンプライばかりでしたね。

油布　Wコードをつくった後、すぐに私は異動になってしまったのですが、金融庁内でもコーポレートガバナンス・コードのデータをとって「企業のコンプライ比率97%」といったグラフを作成したりしていました。しかし私は、そんな恥ずかしいグラフをつくるのはやめようと担当者にお願いしました。八田さんがおっしゃったように、意味のあるエクスプレインのほうが安直なコンプライよりも、はるかに価値がありますからね。

八田　私の拙い社外役員としての経験ですが、コンプライしないと、マーケットからネガティブな評価を受けると思っていているところもありました。だから、「そうじゃない。自社にとってこれは遵守できるのか・できないのか、すべきか・すべきでないのか、自分の頭で考えないといけないんです」と言うと、今度は現場も執行も覚悟がつかなくなる。ただし、私は常に「コンプライしていると言って、実際にはやっていない場合は〝虚偽記載〟になる」と言い続けてきましたので、少しは理解してもらえたのではないかと思っています。

油布　特に日本の機関投資家は多数の企業に投資するパッシブ系なので、コードについても、ボックス・ティッキング（価値判断を伴わない形式主義）な考え方になりがちですね。これは改めなければいけないことだと思います。ただ、彼らの中にもコードについて造詣が深かったり、その分野に携わったりした経験のある人たちは、単純にコンプライしているよりも、エクスプレインしている会社に魅力を感じると言います。そして、「なぜエクスプレインなのか」とその理由を経営者にじっくり聞いてみたいと言う機関投資家の担当者も出てきていますね。

Wコードが行き過ぎた「買収防衛策」を排除

八田　1年の違いはありますが、スチュワードシップ・コードとコーポレートガバナンス・コードが制定されて10年近くが経過しましたが、改めてWコードの効果をどのように実感されていますか。

油布　コードの効果を測定してデータ化することは難しく、どこの国でもはっきりとした数値が出せていないようです。その前提で申し上げますが、たとえば、買収防衛策の導入企業は明らかに減りましたね。ピーク時は５００社くらいが入れていたのですが、今は３００社程度になっているはずです。

八田　ただ、コーポレートガバナンス・コードには「買収防衛策をやるな」とは直接的に書かれていませんよね。

油布　そこが重要なポイントです。一律に「やるな」と記載するのではなく、買収防衛策が経営者ないしは取締役会、取締役の〝保身〟のためのものになっていないかという議論はしてくださいい、と書いてあります。そして、株主もその記載を認識しているわけです。そのあたりが一定の抑止力を発揮し、行き過ぎた、あるいは不必要な買収防衛策を排除する効果が出ているのではないでしょうか。

八田　かつて「モノ言う株主」として毛嫌いされていたアクティビストも、近年はガバナンス・コードに沿った正論を主張するようになっていて、株主総会決議に影響を及ぼし始めていますよね。具体的な数値などを使って正当な議論をされると、正論だから機関投資家としても反対しにくい。2023年3月に東京証券取引所が出した「資本コストや株価を意識した経営の実現に向けた対応」の要請と、8月に経済産業省が出した「企業買収における行動指針」も効果を発揮しているのではありませんか。

油布　私は担当局長ではないのですがどちらも上場企業に対して資本市場、資本の意義を認識させる有益なアプローチだったと思いますね。

八田　東証・経産省の指針は、何しろアクティビストのような、経営側からすれば嫌な相手からの提案でも、一般株主の利益を第一に真摯に検討しなさいと言っているわけですからね。かつての株主総会は〝短くシャンシャン〟で終えることを経営者側は目標にしていた。ただ、そんなことはどう考えてもおかしい。取締役は株主から委託されて経営しているのに、その委託元の株主と実のある議論をするのは当たり前のはずです。

油布　そう思います。実際、機関投資家やファンドとの対話、いわゆるエンゲージメントを上手に使おうという企業もだいぶ増えてきているように思いますね。面談を断ると外聞が悪いから仕方なく会っているというケースもあるでしょうが、ファンドの中には高い分析力と情報収集力を持っているところもある。その能力をうまく使おうという企業も出てきているようです。

現に、生保協会が毎年、上場企業と投資家に対して、企業価値向上に向けた取り組みについてのアンケート調査を行っているのですが、上場企業に「投資家との対話を踏まえ、アクションや改善策等の参考にした論点は何だったか」を問うと、１位が情報開示、２位、３位がサステナビリティや株主還元ですが、次いで経営・事業戦略といった回答が出ていました。そうやって企業も株主の情報分析能力や知見を上手く使って建設的なエンゲージメントが進むと良いなと思いますね。

八田　ところで、先の東証の要請はＰＢＲ（株価純資産倍率）１倍割れになっている上場企業に焦点が集まりました。

油布　コーポレートガバナンス・コードでは、会社や業種によってそれぞれ違いがあるだろうから、敢えて特定の経営指標には言及せずに、自分が適切だと思う指標を使って経営してくださいという表現にとどめています。しかし、東証の出した「ＰＢＲ１倍」というのは極めて強いメッセージ力がありましたね。

八田　国際比較すると、日本ではＰＢＲ１倍割れになっている上場企業があまりに多いと。

油布　ＰＢＲはたとえば、低金利で金利のつかない環境であれば銀行は低くなりますし、逆にＩＴ企業だったら高くなるので、一律はやや乱暴なところもあるかもしれませんが、多くの企業が資本市場と真摯に向き合い始めるのではないかと期待しています。

個人投資家が成功体験を得られるために

八田　油布さんは２０１２年の総合政策室長時代にＮＩＳＡの立ち上げを担当されましたけど、２０２４年１月からは非課税保有期間を無期限にした「新ＮＩＳＡ」が始まっています。

油布　今回、私は直接関与していませんが、新ＮＩＳＡでこれまで個人投資家の方が証券投資に対して抱いてきた不信感を完全に払拭できないまでも、改善できればと思っています。マーケット自体が低迷していた時代は、売り手の姿勢はお世辞にも顧客本位とは言えなかったと思いますし、実際、個人投資家は成功体験を得られていませんでした。

その点を金融庁としても問題提起をし、少しずつでも変わってきたのではないかと思っていますし、もっと変えていきたい。２０２３年、政府が骨太方針で掲げた「資産運用立国」というスローガンを実行に移すうえで、唯一欠けていたピースが運用会社の運用能力向上に向けた施策です。ここがダメだと、個人投資家は成功体験を得られません。逆に成功体験を得られれば、好循環が生まれます。

八田　具体策はありますか。

油布　２０２３年、金融経済教育推進機構に関連した法案が成立しています。特定の金融業者、金融商品に偏らないアドバイザーの認定・支援や企業の雇用者向けセミナー、学校教育の現場などへの講師派遣を行う組織を立ち上げ、２０２４年の夏以降に稼働させる計画です。

八田　最後に、金融行政、財務行政などについて今後の抱負を教えてください。

油布　残念ながら、金融庁はまだまだたくさんの課題を抱えていて、宿題はいくらでもあります。たとえば、金融機関の健全性確保。今は確かにどこの日本の銀行も盤石だと思いますが、アメリカでは2023年3月にシリコンバレーバンク（ＳＶＢ）が経営破綻して米連邦預金保険公社の管理下に入りました。何かひとつ歯車が狂っただけでＳＶＢのようなことが起きるかもしれないという危機感は忘れてはいけないと思います。

金融機関は健全性の確保と貸し出しのバランスはしっかり取っていかなければいけませんし、事業計画や会計書類を分析したうえで融資できる「目利き能力」も培っていかなければいけません。銀行にももちろん頑張ってもらいますが、金融庁もいろいろと応援していこうと思っています。

八田　いろいろと貴重なお話をありがとうございました。日経平均が入省された当時を超えるまで頑張っていただきたいと思います。

（追記）
対談中に、油布氏が願っていた日経平均３万８９１５円を超える日が、２０２４年２月22日に訪れ、過去最高の３万９０９８円をつけた。

油布志行氏との対談を終えて

油布志行氏とは、金融庁の総務企画局企業開示課長の時に、企業会計審議会委員を拝命していたことから、わが国の会計および監査基準づくりでご一緒した時からの付き合いである。ただ、同氏は、２００４年から４年間、経済協力開発機構（ＯＥＣＤ）に派遣されておられた時の主要テーマとして、企業のコーポレートガバナンス・コード策定の問題があり、私が橋本尚氏と上梓した翻訳書『英国のコーポレート・ガバナンス』（白桃書房、２０００年）を座右の書として活用していただいたことを知り、深いご縁を感じていたのである。併せて、財務省に共通の知人がいることもわかり、ますます親近感を抱く関係にある。

油布氏は、キャリア官僚として、一般に抱く人物像とは大きく異なり、分け隔てのない人間関係を築くのに長けており、人望も厚く、また、楽しい宴席での交遊をこよなく愛してやまないようである。また、福岡県出身の九州男児として、一糸乱れることのない酒量には、驚くばかりである。

同氏については、２０１４年のスチュワードシップ・コード、そして、２０１５年のコーポレートガバナンス・コード策定に際して、かつてＯＥＣＤでなされた議論から学んだ成果を遺憾なく発揮して、国際的にも遜色のない形で公表されることになり、まさに、「陰の立役者」と評することができるのである。

同氏は、金融庁での業務について、「結果が見えやすい仕事を担当できたことがラッキーだった」と述懐されており、そのひとつに、今日、国をあげて推奨している「ＮＩＳＡ」の導入に尽力されたことを挙げておられる。それこそまさに、国民および国家の安寧と繁栄を図ることを使命に感じ、最大限の力を発揮し続けている公務員の鑑といえるのではないだろうか。
今般の対談においても、コーポレートガバナンス・コードの円滑な推進と、わが国企業の国際的に信任の確保について、継続的な推進を願っているとの強い思いをひしひしと感じとることができた。

（2023年12月記）

植木義晴

会社の仕組みはいくらでも変えられるでも、社員の魂までは変えられない

JAL（日本航空）社長・会長を務めた植木義晴氏。

2010年の経営破綻に伴って現役のパイロットから執行役員に転じ、会長としてJAL救済に当たった稲盛和夫氏（京セラ名誉会長、2022年8月死去）に指名される格好で2012年2月、社長に就任した。

それから12年余、社長・会長として激動と混乱のJALを牽引した植木氏だが、事実上、企業経営の経験がなかった中、どのように同社を再生に導いたのか。コーポレートガバナンスは「一番不得意とするところ」（本人談）という植木氏であるが、“植木流ガバナンス”の神髄に迫る―。

profile

植木 義晴◆うえき・よしはる

日本航空（ＪＡＬ）前会長・元社長

１９５２年生まれ。１９７５年航空大学校卒業後、同年６月ＪＡＬ入社。１９９４年４月ＤＣ10運航乗員部機長。２００４年４月運航企画室企画部副部長（運航企画室業務副部長兼任）、05年４月運航本部副本部長（運航企画室企画部長兼任）、07年４月運航乗員訓練企画部長、08年６月ジェイエア代表取締役副社長（出向）。

２０１０年２月ＪＡＬ執行役員運航本部長、同年12月専務執行役員路線統括本部長、２０１２年２月代表取締役社長執行役員（路線統括本部長兼任）、13年４月代表取締役社長執行役員、２０１８年４月代表取締役会長、20年４月取締役会長。２０２４年３月会長退任（同年６月開催の定時株主総会終了をもって取締役を退任し、特別理事に就任）。

「羽田衝突事故」に見た乗務員の〝自立〟とＪＡＬ再生

身心ともに追い詰められた「羽田発着枠」問題

八田　２０１２年２月にＪＡＬの社長に、２０１８年には会長に就任した植木さんですが、２０２４年３月31日をもって、会長を退任されました。ＪＡＬが２０１０年に会社更生法の適用を受けて破綻し、再生のためにやってきた稲盛和夫氏の肝いりで、パイロットだった植木さんが同年２月に執行役員運航本部長でＪＡＬ本体に戻って、その２年後に代表取締役社長を引き受けられた。それからの12年間、並大抵の苦労ではなかったでしょう？

植木　ＪＡＬに入社してから35年、パイロットとして操縦桿を握って空を飛んでいた男が、本社に呼ばれて２年で「経営者になれ」と言われたのですから、それは大変でしたよ。なにせ、経営に関する知識も経験もない。ただ、稲盛さんもそれをわかっていて僕を指名しているし、僕もわかっていて指名を受けた以上は、努力するしかありませんでした。

社長就任から当分の間は１日の仕事が終わった後、毎日必ず30分時間を取って秘書と翌日のスケジュール確認と相談をしていたんです。ただ、「明日はこういう会議があります」と言われても、見たことも聞いたこともない。「何をする会議なんだ？」って聞いても、秘書は「そうおっしゃると思いましたが、私たちも出席したことがないので…」と、毎日がそんな連続。

八田　確かに、これまで植木さんが経験されてこられた運航の世界とはまったく違いますからね。

植木　そして秘書が差し出すのが、過去5年分の当該会議の議事録です。分厚い資料を持って帰って、会議までに目を通して準備する。会食が終わって帰宅して風呂に入って、23時くらいから議事録を読み始めて、毎日、明け方までかかっていました。将来に備えて勉強しようなんて悠長なものではなくて、とにかく「明日をどう生き抜くか」を考えるだけで精一杯でした。

毎日毎晩、資料を読んで頭に叩き込んで、それでも入らなかったものは自分には必要のない知識だと勝手に理解して、紙の資料は土曜日にシュレッダーにかける。日曜日には次週の資料を準備して読み始める。土日もまったく休まず、とにかくインプットし続けるしかありません。

最初から幹部候補生として社内で育てられてきた人たちからすれば、「社長になったら上がり」かもしれませんが、僕はそうではなかった。社長になったところからがスタートだったんです。

八田　この12年、山も谷もあったでしょうが、一番キツかったでき事は何ですか。

植木　羽田空港の発着枠の配分問題ですね。（2013年3月～2016年10月の3回の配分で）最終的に競合他社と大きな差をつけられてしまったのは本当につらかったです。この枠の差が半永久的に収入・利益の差としてうちの社員を苦しめる。その元凶を僕自身がつくってしまったということで、これでもかというほど自分を責めましたね。

八田　あの時は政治の論理も影響していましたよね。稲盛さんがＪＡＬの会長になったのは民主党政権の時代でしたが、２０１３年の最初の発着枠分配時点では、政権はすでに自民党になっていた。

植木　本当につらくて、秘書の２人にだけは胸の内を明かしました。「僕はもうアップアップで、毎朝起きられただけでも良かったと思うような気持ちで過ごしている。この状況でスケジュールをパンパンに入れられたら、僕はもう社長を続けられない」と。

八田　そこまで追い詰められていたんですね。

植木　ところが、これがある瞬間にスパッとすべての悩みが消えたんです。それは羽田の客室本部で会話した、以前から知り合いの女性の客室乗務員の一言でした。彼女は僕の顔を見るなりこう言ったんです。

「何をしけた顔をしているの？　植木さんらしくもない。私たちは植木さんが矢面に立って頑張ってくれているのを理解しています。枠が半分以下？　いいじゃないの。与えられた枠で私たちが利益を出したらいいんでしょ？　後は現場の私たちに任せてください」と。

八田　なかなか腹の据わった方ですね。まさに植木さんにとっての救世主でしたね。

植木　ええ、これでいっぺんに雲が晴れました。僕はそれまで、社員を守るために社長になったと思っていたんです。自分がコケたら社員もコケる。絶対にそんなことがあってはならない、と。ところが、社員はもう僕に守られる立場ではなくて、僕と肩を並べて一緒に会社を成長させていくメンバーなんだと気づいたんです。その瞬間に、憑き物がスポーンと全部落ちました。本当に彼女には助けられましたね。

社内の「キツネとタヌキの化かし合い」で破綻

八田　本当に、当時の現場の空気が伝わるようなエピソードですね。ところで、そもそもＪＡＬは14年前になぜ経営破綻したのでしょうか?　植木さんが考える原因を教えてください。

植木　破綻の原因って、いろいろな切り口があって、ある意味、その全部が正しいですよね。ただ、僕の立場で言えば、ＪＡＬの全員が「ワンチーム」になれていなかったこと、ここに尽きると思いますね。

経営企画や人事・労務などの間接部門と、「運空整客（運航・空港・整備・客室）」と言われる現場部門の連携がまったく取れていませんでした。さらには経営サイドと社員、本部と現場、本社と子会社・系列会社の間にそれぞれ深い溝があって、しかも、お互いにキツネとタヌキの化かし合いをし、互いに非難し合ってやっていたのです。

八田　人の集まりから成る組織にとっては、最悪の状況にあったといえますね。

植木　社長がトップに君臨し、それを本社で支える役員や間接部門は「現場は何もわかっていない」と思っていて、言うことを聞かないから数字が上がらないと。一方で現場のほうは「本社は机上の空論ばかり並べたてて、現場のことを何も知らない」と不満を持つ。これではうまくいくはずがありません。縦割りで横軸が通っていないのだから、経営計画なんて達成できるわけがないのです。

八田　その状況は想像できますね。見方を変えれば、殿様商売の発想で、みんながバラバラに行動していたということですね。

植木　多くの社員が遅くまで残業しているのに、なぜ成果が出ないのか?　「自分は誰よりも頑張っている」と社員の誰もが口にするのに、どうして生産性が上がらないのか?　それはつまるところ、社員のベクトルがバラバラだったからです。だから、「社長になったからには、みんなの心をひとつにするのがオレの役目だ」と思ったんです。

八田　まさに、それこそが、トップマネジメントとしての原点でしょうね。

植木　そこで僕は、自分が扇の要にならなければと考えました。ＪＡＬは「ワンチーム」にならなければならない、と。そして社長就任直後、グループの企業理念として真っ先に〈全社員の物心両面の幸福を追求し〉と掲げ、次いで〈お客さまに最高のサービスを提供します〉〈企業価値を高め、社会の進歩発展に貢献します〉としました。もちろん総反対でしたよ、「破綻して税金まで投入しているのに、顧客や株主を差し置いて社員の幸せとは何事だ！」と。しかし、社員が働くことに幸せを感じていなかったら、顧客のことまで意識が回らないんです。経営側が社員を大事にすることで、社員がお客様を大切にしてくれる、社会のために働いてくれるようになるのだと。

「自分の頭で考えろ、判断しろ、決断しろ」の結実

八田　ＪＡＬと言えば、破綻前は大学生の就職先人気ランキングで常に上位にランクインしていた人気企業。そんな企業がどうして破綻するのかと不思議に思っていましたが、植木さんのお話を改めて伺うと腹落ちします。個々の人材の質が高くても、会社としてうまく回っていなかったんですね。そういう体質が植木さんのもとで大きく変わった？

植木　とにかく社員には「自分の頭で考えろ、判断しろ、決断しろ」と伝えてきたつもりです。稲盛さんは「社員一人ひとりが経営者」と言っていましたが、自立した社員であることが重要

で、手法としては「OODA」(ウーダ、Observe＝観察、Orient＝方向づけ、Decide＝意思決定、Act＝行動の頭文字を取った略称で、意思決定・行動のフレームワーク)を導入しました。

八田　私が参加していたJALの取締役会でも、折に触れ、「OODA」についての話がありましたね。

植木　とはいえ、まだまだ変えていかなければと思っていたのですが、最近、変化を象徴するようなでき事がありました。本当に不幸な事故だったので、どう伝えればいいのか、非常に難しいのですが、今年(2024年)1月2日に羽田空港で起きたJAL機と海上保安庁の飛行機の衝突事故の対応です。海保機に搭乗していた5名の方が亡くなられたものの、JAL機についていえば、客室乗務員が乗客全員の命を救う活躍をしてくれたことに本当に感動しました。

八田　私は、事故発生後に機体が炎上する生放送の中継を見ていた時は、「一体どれくらいの犠牲者が出るのか」と心底心配していました。

植木　本来指示を出すべき機長も機内のアナウンスシステムが不作動となったため、指示ができなかった。当然、本社からの指示など何もありません。そういう極限の状況の中で、中には入社1年未満の客室乗務員もいましたが、自分の頭で考えて、どのドアを開けるか、どうやって全員を退避させるかを決めて実行したんです。完璧に自立して、責任をもって自分で考えて実行した結果として、乗客全員の命を守った。

八田　海外の報道でも「奇跡」と大きく報じられていました。

植木　私は彼女たちに「プロの仕事をしてくれたね。大したもんや」と声を掛けました。

八田　意識改革、日ごろのトレーニングはもちろん、使命感が現場を支えていたんでしょうね。私自身、ＪＡＬのＯＢとして、大変誇りに感じています。

植木　社長、会長を12年務めてきて、いざという時の場面で社員がこうした行動をとれたことは、本当に嬉しかったです。稲盛さんは「利他の心」と言っていたけれど、やっぱり、お客様を大事に考えられる社員が増えてきたことの結実として、自分の命よりも先にお客様の命だと考えて行動できた。それがあの事故対応だったんじゃないかと思っています。

僕が考える「稲盛和夫」に選ばれた理由

稲盛氏が「お前が全社員を惚れさせせられるか、見といてやるわ」

八田　今だから正直に言いますが、僕は稲盛（和夫）さんがＪＡＬの再生に乗り出すと聞いた当初、晩節を汚すんじゃないかと思っていたんです。いくら「経営の神様」といっても、まったくの門外漢である航空会社を立て直せるものだろうか、と。ところが、やはり、稲盛さんでした。しっかり再建に道筋をつけたうえ、植木さんという人材を見出した。最初に稲盛さんから声をかけられたのはどんな経緯だったんですか。

植木　ある時、呼び出しがかかったんです、「稲盛さんがお呼びです」と。〝出頭〟日時と合わせて「この中から最低3冊は読んできてください」と長々とした稲盛さんの著作リストがメールで送られてきました。でも、僕は1冊も読まずに行きました。あえて読まなかった。なぜなら、「現地・現物・現人（げんにん）」という考えがあったからです。

八田　経営の現場では、「現場・現物・現実」の三現主義というのがよく紹介されます。

植木　その日になれば直接本人に会えるのに、どうして先に本を読んで固定観念を頭に入れなければならないんだ、と。もっと言えば、「オレが直に見定めてやる」という思いもありましたね。２カ月くらいご一緒するうちに「さすが、大したもんやな」と思うようになりましたが……（笑）。

八田　いきなり呼び出されて、「執行役員（運航本部長）になれ」と言われたんですね。

植木　はい。もうドタバタで。当時、僕はグループ会社のジェイエアの副社長に出向していましたが、そこでもパイロットを務めていました。なのに、いきなりの役員就任で「ラストフライト」のセレモニーもやれず仕舞い。僕も35年間握った操縦桿を置いてまでＪＡＬ本体の役員になるわけですから、その意義は何かと考えた時に、やっぱり、「絶対にこの会社を潰さないこと」「最高に幸せな社員集団をつくること」が自分の使命だと考えて、役員を引き受けたのです。

八田　そして２年後、社長に指名された。最大の理由は何だったと思いますか。

植木　もちろん稲盛さんに直接は聞かないし、教えてもくれなかったけれど、今思えば「あれかな？」と感じるものはありました。稲盛さんは最初から「３年でＪＡＬを去る」と公言していたので、役員同士の間では、誰かが稲盛さんから「免許皆伝」を受けないといけない、と話していました。もちろん自分だとは思ってもみません。社長になるなんて、これっぽっちも考えていませんでした。当時はパイロットがＪＡＬの社長になるなんて、天地がひっくり返ってもあり得なかったことですから。

八田　おっしゃる通り、まさか、パイロット出身の人がＪＡＬの社長になるとは、日本中の誰もが考えていなかったと思います。

植木　しかも、社長になってからも稲盛さんからは何の講義もなければ、他の名経営者に会わせてくれるわけでもない。ただ、今から思えば、稲盛さんがくれたヒントだったんかな？　と思うエピソードがあります。稲盛さんが「今、この会社はグループ全体で何人おるんや？」と聞いてきた。すでに（経営破綻で）大分減っていたんですが、「約３万３０００人です」と答えると、「わかった。お前がいつになったら、その３万３０００人全員を惚れさせることができるか、それだけ見といてやるわ」と言ったんです。「キザな言い方するなァ」とその時は思ったんですが（笑）、考えれば考えるほど正しかったなと。

社員に愛されない社長なんて、何の仕事もできません。言い換えれば、社長の仕事の７割は、社員に愛されたら終わったも同然です。あとは〝善なる生き物〟でさえあれば、会社はうまくいく。稲盛さんが僕を指名した理由のひとつはそこにあったのかも…。

八田　稲盛さんは経営と現場の一体感がないことが問題だとわかっていたんでしょうね。

植木　稲盛さんは、ＪＡＬに来て「この会社はバラバラだ」と問題にすぐに気づいたのでしょう。稲盛さんはもともと〝コンパ主義〟で、末端の社員と車座になって酒を酌み交わし、愚痴や現場の情報を吸い上げていました。ＪＡＬでも同じようにやっていましたよ。

稲盛さんが僕を指名した以上は、そこに何か理由があるんだろうと考えました。パイロット出身で経営ド素人の僕を指名するというリスクまで負って、僕を社長にした意味は何なのだろうと。そのリスクを超える何かがあるはずです。稲盛さんは直接は教えてくれなかったけど（笑）。

八田　やはり、破綻前の一体感の持てない組織に逆戻りさせてはならないという思いがあったのでしょうね。

植木　稲盛さんとしては、いずれ自分はＪＡＬからいなくなる。そのあと、放っておけばこの会社はまた元に戻ってしまう。そのことは僕が社長になってからも結構、言っていましたから。そこで、悪いほうへ戻ってしまうのを堰き止められるのは誰なのか。「いつもオレに逆らうけど、正直で後ろめたいところのない植木や」というのは半分くらいはあったと思います。

八田　これは大事ですよ。経営者の中には「毎日1時間は現場に顔を出しています」なんて誇らしげに言う人もいますが、側近5、6人を引き連れて大名行列をしているようじゃ、何の意味もない。本当の意味で現場を理解し、現場のほうもそれを感じて初めて、会社はうまく回り出す。

植木　僕みたいなのは珍しいのかな。自宅の周辺にはＪＡＬの社員もそれなりに住んでて、カミさんと娘夫婦、孫とで近所に食事に行くでしょ。すると、僕を見かけた社員が話しかけてきて、なんなら横に座って20分でも30分でも話して行くんです。それを見た娘が「お父さんのとこってどんな会社なの？　私は自分の会社の社長を出先で見かけても、プライベートな場面だったら絶対に声をかけない」と言っていました（笑）。

八田　普通なら、目を逸らして気づかないふりをしますよ（笑）。それはやはり植木さんの人柄によるところが大きいんじゃないですか。後ろめたいことを嫌うというか、私利私欲にまみれたようなところがないという点には、共感を覚えます。

植木　稲盛さんをよく取材していたライターさんが、稲盛さんに「どうして植木さんを（社長に）選んだんですか」と聞いたらしいんです。すると、稲盛さんは「汚れていないし、頑固だから」と言ったらしい。それが理由だとしたら、確かに僕は汚れてはいないし、頑固ではある（笑）。

ズルいことをしようなんて僕個人は考えもしないし、企業の経営であってもそれは同じです。裏道を通るようなズルいことをしないでお天道様の真下、道路の真ん中を堂々と歩くのが、一番強いということなんですよね。

「眼前の大きな雲にどれだけ近づけるか」がリスクマネジメント

八田　それはまったくその通りで、私自身、大学院での職業倫理の授業の最後に一言、必ず「正しいことを正しくする。それがすべて」と話しています。コンプライアンスとかガバナンスとか言うけれど、何も難しくない。「正しいことを正しくやれ」とその一言なんですよね。

植木　確かに、決して難しいことじゃない。僕自身はそれを「コーポレートガバナンス」などとは思っていなくて、単に自分の生き様を会社でも全うしようと思っているだけなんです。

八田　動機や精神が汚れていないこと、これは本当に大事なことです。特に今は経営環境、社会環境が劇的に変化する時代です。ハラスメント案件や不祥事案件といったネガティブリスクが新聞ダネになる。経営者には、何よりもこうしたリスクに関する研ぎ澄まされた感性が必要になります。

思い起こせば、私がＪＡＬの役員向けの勉強会でコンプライアンスや内部統制の話をした時に、最後に「みなさん、リスク感覚、リスクへの感度を磨いてください」と話して退出したのですが、その後に植木さんが私の肩をポンポンと叩いて言ったこと、覚えています？

「リスクへの感度は八田さんよりオレのほうがすごいんだ。だって、機長として時には５００人を超える乗客と乗員の命を預かりながら空を飛んでいるんだから、オレほどリスク感覚が研ぎ澄まされている人間はいないよ！」と。

植木　そんなこと言いました？（笑）

八田　言いましたよ。でも、なるほどなと思って、それ以降、講演の場でも使わせてもらっています（笑）。

植木　よく「パイロットは安全第一でしょ?」と言われるんですが、冗談じゃない。リスクがある時に、どこまで近寄って見極められるかが本来のリスク管理なんです。
　パイロットだったら、飛行経路上に大きな雲がある。ヤバそうだが、どこまで行けるか。200㎞避ければ突入せずに済むけれど、燃料は嵩むし到着時間が20分遅れる。では、どのくらい避けるべきかと、これを知識と経験から判断して最小の影響にとどめるのが本当のリスクマネジメントです。

八田　そうしたリスクマネジメントを的確に実践することが経営の根幹と考えられますからね。

植木　コロナ禍には「リスクマネジメントとは、最大のリスクに対処することだ」と社内外で耳にしたけど、そうではなく、本来のリスクマネジメントは、平常時に何が起きてもいいように準備しておく、それでも非常時には対処できないリスクが必ず発生するので、それに対して次々に打つ手を考えて判断していくことなんです。

八田　まったくそうですね。コンサルタントでも弁護士でも企業に対して「リスク回避」を売り物にしているけれど、あれもこれもリスクだと言って回避していたら、リターンなどあり得ない。それどころか、「わが社のリスクはどこにありますか?」って聞く経営者までいる。そんなトップこそリスクで、どこまでリスクを受容できるかが、マネジメントの本質なんです。
　今の植木さんの話はパイロットだったから持ち得たリスクマネジメント感覚ではあるけれど、

パイロットだったら誰でもそう考えるわけじゃないでしょう?

植木　考えてみたら、僕はパイロットの中でも変人でした（笑）。でも、社長はさまざまな可能性を考えて、覚悟を決めたら逃げない。社長なんて不祥事や事故が起きたとしても、全責任をかけて記者会見をして即日辞任するだけのことで、命までは取られない。その覚悟さえ持ってしまえば、怖いものはない。逆に言えば、その覚悟を持てない人は上には立てません。

八田　上に立つ者の鑑ではないでしょうか。

植木　部下の出してきた企画を採用する時もそうです。うまくいかないと、「状況が変わったので」なんて言い訳する人もいますが、それでは他人は信用しない。こちらは「よし、やってみろ」と言ったら心中するつもりで任せている。責任は自分がすべて取るという覚悟でやってきましたから。

八田　つまるところ、それがすべてなんですよ。「正直な生き様が一番のガバナンス」なんていうと、精神論に近いような印象を持たれてしまうかもしれませんが、実はマネジメントの本質は日々の現場の行いに反映されているんです。

CA出身「鳥取新社長」を一丸で支える使命

社長時代よりも「ダメージ」を受けなくなった会長時代

八田 JALで社長を6年、会長を6年経験された植木さんですが、会長という立場についてはどのようにお考えでしたか。特に名物社長やワンマン社長の場合、会長になってからも隠然として権力を持ち続け、人事を中心に采配を振るう例も少なくありません。

植木 社長時代はJALの痛みをすべて自分のこととして受け止めていました。何かあると、1週間、立ち直れないくらいダメージを受けていたんです。しかし、会長になってから同じような事例に遭遇した時に、「あれ? オレ、社長時代ほど、痛みを感じていないなぁ」と気づいたんです。ただ、よく考えてみると、「そうか、それでいいんだよな」と。むしろ、会長になっても社長と同じ視点で考え、同じようにダメージを受けていたらおかしいわけです。

そもそも一歩引いた立場になりたかったから、社長を退いて会長になった。それなのに社長と同じように考えていたら、会長になっても社長のやることに口を出すようなことになりかねない。会長と社長は、まったく違う立場なのだと理解しなければならないんです。

八田　教科書的に捉えるならば、社長は、業務執行のトップの地位にあるのに対して、会長は、経営の監視・監督の元締めの役割を担っているのではないでしょうか。

植木　僕だって、6年社長を務めてきているから、今日や昨日、社長になったばかりの新社長には負けませんよね（笑）。でも、だからと言ってことあるごとに口を出していたら、会長になった意味がない。社長が自分で考えて決めるまで、我慢しなければと思っていました。聞かれたことに答える以外は、「ここだけは我慢ならん」と思ったことだけ、口出ししようと決めてた。

八田　今のお話からもうかがい知ることができますが、本当は一番大事なガバナンスの〝あるべき姿〟なんですよね。社長は最前線でアクセルを踏まなければならない。会長は一線を引いて、後ろに控えていなければならない。ただし、それができていない会長が、日本ではいかに多いことか。

なぜ日本でこういうことが起きるかというと、「会長」という役職名に対しての認識が明確になっていないという問題があります。英語に直すと「Chairman」、今では植木さんの名刺のように「Chairperson」でしょうが、何の長なのかというと、これは「取締役会」の「長」という意味なんです。あくまでも取締役会の議事の進行を滞りなく進める役職であって、社長を押しのけて最前線に立つのが仕事ではない。だから植木会長の振る舞いは、まさにあるべき姿の会長なんです。でも、日本企業で植木さんみたいに考える会長は稀有な存在ですよ。

植木　そうなんですかね？

八田　なぜそうなるかというと、経営者は自分の後継者を自分で指名し、自らが会長としてさらにその上に立つ。意思決定や判断に口を出して、自分の判断を踏襲するよう陰に陽に迫るんです。その真意は「自分がやってきたことを覆されたくない」「自分の失敗を責められたくない」ということで、これが続くと先代を持ち上げて身動きが取れなくなる、前例踏襲の経営が続くことになります。

植木　もちろん、社長と会長の関係性は2人のパーソナリティや相性によっても少しずつ適温が変わるものだとは思うんですけどね。

「客室乗務員出身」だから社長に選んだのではない

八田　JALはパイロット出身の植木さんに続いて、整備出身の赤坂祐二さんが社長になり、そして2024年4月からは、新社長に客室乗務員出身の鳥取三津子さんが就任しました。3代続けて現場からのトップ登用です。

日本企業では、幹部候補は早い時期から経営企画や人事で純粋培養され、本社から外に出されることはまずありません。だから、私は「そういった人材こそまず子会社に出せ」と言ってきました。そうしないと、会社経営の現実がわからなくなってしまう。その点、ＪＡＬの社長人事は思い切った決断で、しかも３人目が女性というのは東証プライム上場企業ではまさに「異例」。トップマネジメントの後継者の問題として、将来的にひとつのモデルケースになるのではないかと思っています。

植木　結果的に現場出身者が続いたことは、八田さんの言う通り、素晴らしいことかもしれません。しかし、「現場からのみ登用する」という条件で社長になり得る人材を探す、というのでは本末転倒なんです。３万人を超える社員を一番幸せにしてくれるトップは誰だ、と探した時に、僕の次にはたまたま赤坂という人材が整備にいた。赤坂の次にはたまたま、鳥取という人材が客室にいたというだけのこと。「次は整備から選ぼう」「客室から選ぼう」とやって見つかるわけではないです。

八田　適材適所での人材登用こそ、最も重要かつ公正な人事政策ですからね。

植木　ただ、社長になった時から運航・客室・整備・空港といった現場組織の役職者には「社長にならなくてもいい。でも、社長を取り巻くトライアングルの一角に常に誰かを送り出せるような体質はつくり上げておいたほうがいい」と言ってきました。

八田　役員や幹部は「現場を知らずして経営はできない」と実感しているはずです。不祥事が起きても、現場を知らないと具体的に何がどう起きたかがわからない。これは会計監査も同じで、会議室で帳簿をひっくり返していても何もわからない。現場で何が起きてこの数字が出てきているのか、実体が反映されているのかを判断できません。まさに「現場・現物・現人（げんにん）」ですよ。

植木　僕自身がそうですが、運航を担う組織の出身者は、現場ではプロですが、本社で経営の役に立つなんて考えもしないものです。しかし一方で、航空会社はやっぱり「その道のプロ」「現場一筋30年」という人たちが現場で積んできた経験に支えられていて、経営側がこれを軽視すれば、いつか大きな失敗をする。「（経営の）理屈ではわかりますが、今日この飛行機はこのままでは飛ばせません」と言い切れる人間が絶対に必要だし、現場はそういう人間を常に輩出できる準備をしておかなければならないんです。

八田　現場からの登用に不満を持つ人たちがいるかもしれません。それでも、最終的に社員が納得して「会社のために」と力を発揮できるようになったのは、やはり一度劇的に会社が潰れて、植木さんという人材が「ワンチーム」を徹底したからでしょう。会社の一部分だけの変革では、こうはならなかったのではないでしょうか。

植木　赤坂も鳥取も、覚悟を持って社長指名を受けている。それなら後は応援するだけですから。もちろん最初は足りないところがあるのは当たり前。経営経験のベースがない中でやっていくのは大変です。でも、「経験がないからダメ」なのではない。会長や取締役、執行役員が新社長を支えてやるんだ、みんなの助けがあれば大丈夫だと。そう思っています。

JALは「破綻前」に戻らないのか

八田　私自身、会社更生手続きが終結した2012年7月から8年間、JALの社外監査役を務めましたが、社外取締役との関係はどうですか。

植木　八田さんが監査役に就いた時から「JAL人格」でない社外役員の方々が持っている知識や経験、視点をフルに使わせてもらおうと思っていました。そのために就任をお願いしているのだから、それはもうとことん働いていただこう。そんな思いでしたね。(笑)

八田　他の会社の事例でよく聞くのは、お願いしている会社のほうも、受けた社外取締役・監査役のほうも「お客様」感覚で、形式的にお願いして、お願いされたから受けているだけというケースです。植木さんは社外取にどういう役割を期待されていましたか。

植木　気づいたことは何でも言ってもらいたい。当然、航空業界のことを知り尽くしているわけではないから、社外役員の指摘が間違っていることもある。でも、違う視点から指摘されることで、初めて気づくこともあります。

僕ら機長が副操縦士に言うのは、「気づいたこと、気になることは必ず口に出せ」。10回のうち9回はキャプテンに叱られるかもしれない。でも、10回に1回は、乗客と乗組員合わせて300人の命を救うことになる指摘かも知れない。だから臆せず、自分の意思はしっかり表明しなさいと言うんです。

八田　風通しの良いコミュニケーションが実践されていることも、内部統制が有効に機能している証拠であり、また、強固なガバナンスの構築に貢献しているということでしょうね、

植木　経営においてもそれは一緒だと思います。社内はもちろん、社外取締役の方にもそれを求めています。はっきり言ってもらったら、まっさらな心で受け止めて、社内の人間が違うと思ったら、その場で正直に言えばいい。

お客様扱いになると、その場では「なるほど、そうですね」と拝聴するばかりになり、相手も自然ときついことは言わなくなります。どの会社にもそういう傾向はあるでしょうが、間違っていたら「間違っている」と、その時に堂々と言うべきです。

八田　会長を退いてから、植木さんご自身が他の会社の社外取締役を引き受けるお考えは？

植木　良い話があれば、やろうと思っていますよ。というのは、社外取締役っていうのは会社間の〝互助会〟です。ＪＡＬも元社長の方２人に社外取をお願いしていますが、自分の会社に

は来てもらっているのに、自分は「やりません」では通らない。

八田　経営者の知見を活かすという意味で社会貢献ですよ。ところで、ＪＡＬは監査役会設置会社ですが、他の指名委員会等設置会社や監査等委員会設置会社もそうで、単にシステムがあるというだけでは機能しないですよね。

植木　魂を入れないとダメですね。仕組みはいくらでも変えられる。でも、仕組みだけでは社員の魂までは変えられない。それに、トップの魂が卑しければ、会社も卑しくなるんですよ。「数字を出すために」と実態からかけ離れた売り上げを出すことを「粉飾」と言いますが、これはよくできた表現で、やっているうちに〝素顔〟では外を歩けなくなります。

八田　この先、心配なのは「ＪＡＬは元に戻ってしまうのではないか」という点です。破綻時の苦労を知らない社員が増えたり、経験していても忘れてしまったり。この点はどうですか。

植木　先にも述べましたが、稲盛さんが僕を指名した理由のひとつが、「会社を後戻りさせてはいけない」ということ。「後戻りを堰き止められるのは誰だ？　植木だ」と思ったから社長に指名したんです。「あいつはわがままで、オレにも逆らってきた奴だ」と。

僕らの世代は一度会社を潰してしまって、社員に本当に苦労をかけました。もちろん経営陣がより大きな責任を負ったことは間違いないけれど、社員にも問題がなかったわけではありません。だから長く会社に勤めてきた僕が役員になり、社長になって苦労したのは当たり前のことなんです。

この先、同じ苦労を二度と社員に味わわせてはいけない。だから今の会社の雰囲気や風土をきちんと次につないでいこうぜと。「今、君たちがやっていることは間違っていない。頑張っていこうぜ」――。そう言いたいですね。

八田　大変に納得のいくお話をいろいろ伺うことができました。私自身、ＪＡＬのＯＢとして、会社の発展を願っています。

植木義晴氏との対談を終えて

植木義晴氏とはＪＡＬの社長および会長の時に、同社の社外監査役を拝命していたことで、12年2012年7月から8年間にわたり同社の発展に貢献する機会を得たのである。この間、12年9月には、経営破綻から2年8カ月で、再度、東京証券取引所市場第1部（当時、現在は東証プライム）に再上場し、かつ、新生ＪＡＬの発展を牽引し、右肩上がりの成長を成し遂げてこられてきた同氏の手腕に対して、敬意を表してきたのである。

ＪＡＬは10年の経営破綻後、京セラ創業者の稲盛和夫氏が会長に就任し、「ＪＡＬフィロソフィ」の策定を通じて社員の意識改革と大幅な経営改革の断行により、ＪＡＬの再建を実現した。この稲盛会長の薫陶を受け、新生ＪＡＬの担い手として指名されたのが植木氏だったのである。それは、従来のＪＡＬの人事からは考えられない、運航乗務員（パイロット）出身の社長ということで、社会からも大きな関心が寄せられたのである。しかし、実際に植木社長と議論する機会を通じて、経営トップとして不可欠の資質、すなわち、インテグリティ（誠実さや倫理観）と健全なリスク感覚を持ち合わせている適任の人物であることを実感したのである。まさに、名経営者としての稲盛氏の人を見抜く力の凄さに納得したのである。

変革する時代において、企業経営者に求められる役割は、時代に見合ったコンプライアンス意識と高度な倫理観を備え、全社的にそれを浸透させることで健全なガバナンスを推進することである。その際、最も重要なのは、前例踏襲を旨とする旧態依然とした感覚での企業人ではなく、まさに人としての健全な常識を踏まえて、覚悟と責任を持った経営を行うことである。その点、植木氏は、所属する組織のしがらみもなく、また、手垢の付いた経営理論とも距離を置いているせいか、極めて新鮮な感覚での経営を遂行でき、右肩上がりの発展をＪＡＬにもたらすことができたのではないだろうか。

今般の対談でも、我流のガバナンス議論だと自嘲される植木氏の、自然体での斬新な経営理論を伺うことができたものと思われる。

（２０２４年３月記）

〈編著者紹介〉

八田　進二（はった・しんじ）

1949年名古屋市生まれ

大原大学院大学会計研究科教授，青山学院大学名誉教授，

博士（プロフェッショナル会計学・青山学院大学）

これまでに，日本監査研究学会会長，日本内部統制研究学会（現，日本ガバナンス研究学会）会長，会計大学院協会理事長，金融庁企業会計審議会委員（内部統制部会長・監査部会長），金融庁「会計監査の在り方に関する懇談会」座長，文部科学省「学校法人のガバナンスに関する有識者会議」委員，文部科学省「学校法人ガバナンス改革会議」委員，さらに複数の企業の社外監査役などを歴任

〈主な著書〉

『憂国の会計・監査・ガバナンス』，『体験的ガバナンス論－健全なガバナンスが組織を強くする－』，『「第三者委員会」の欺瞞』，『鼎談 不正－最前線 これまでの不正，これからの不正』，『会計プロフェッションと監査－会計・監査・ガバナンスの視点から－』，『会計・監査・ガバナンスの基本課題』など他多数

2024年10月10日　初版発行　　略称：インテリジェンス

組織ガバナンスのインテリジェンス

－ガバナンス立国を目指して－

編著者　©八　田　進　二

出版者　中　島　豊　彦

発行所　同　文　舘　出　版　株　式　会　社

東京都千代田区神田神保町1-41　〒101-0051

電話　営業(03)3294-1801　編集(03)3294-1803

振替 00100-8-42935　https://www.dobunkan.co.jp

Printed in Japan 2024

製版：一企画

印刷・製本：三美印刷

装丁：オセロ

ISBN978-4-495-21068-7